朝华夕拾

朝阳门外关厢拾遗

北京市朝阳区朝外街道市民活动中心 主编

文物出版社

图书在版编目（CIP）数据

朝华夕拾：朝阳门外关厢拾遗 / 北京市朝阳区朝外街道市民活动中心主编
-- 北京：文物出版社，2019.10
ISBN 978-7-5010-6179-2

Ⅰ . ①朝 … Ⅱ . ①中 … ②北 … Ⅲ . ①文化史－朝阳区
Ⅳ . ① K291.3

中国版本图书馆 CIP 数据核字 (2019) 第 115848 号

朝华夕拾
朝阳门外关厢拾遗

主　　编：北京市朝阳区朝外街道市民活动中心
撰　　稿：张　榕　曹彦生　王兰顺
责任编辑：刘永海
封面设计：吕　鑫
责任印制：梁秋卉
责任校对：李　薇

出版发行：文物出版社有限公司
社　　址：北京市东直门内北小街 2 号楼
邮　　编：100007
网　　址：http://www.wenwu.com
邮　　箱：web@wenbu.com
经　　销：新华书店
印　　刷：北京市通州运河印刷厂
开　　本：787mm×1092mm　　1/16
印　　张：12
版　　次：2019 年 10 月第 1 版
印　　次：2019 年 10 月第 1 次印刷
书　　号：ISBN 978-7-5010-6179-2
定　　价：148 元

序

在古都北京乃至全国各地的古城、古镇，难以找出像朝外街道这样东西"朝华夕拾"、南北"日出东方"，由一街道名而又外扩为一个城区名的街道办事处。说它"朝华夕拾"，是因它位于朝阳门和金台夕照遗址之间，称它"日出东方"，是因它坐拥日坛、东岳庙两处全国重点文物保护单位。朝阳门外大街、神路街成十字结构，深厚的文化底蕴恰如北京唯一的过街琉璃牌楼一样与众不同。

朝阳区的历史至少可溯源于汉代。东坝古镇始于东汉时期，初时称安乐城，晋时称安德乡，蜀国阿斗刘禅乐不思蜀的故事，就源于刘禅封安乐公于安乐城；元征祐年间改称郑村坝，明永乐年间，宦官马三保在郑村坝护驾有功而因地名郑村被赐姓为郑，名为和，造就了中国历史上有名的郑和七下西洋。万历年间改称东坝，沿袭至今。它距朝阳门十余公里，堪称古都北京东郊的"门槛"，历来被人视为京东重镇，是平原地区比较少见的建有城墙的古村镇，距今已有2000多年。

朝阳区在辽金时期便有驿站成村的望京馆、孙侯馆（孙河），也有因河漕运屯粮的郊亭村、辛堡村。元代延祐六年（1319），张留孙在齐化门外建东岳庙，而此时东岳庙东就有"本庙东廊内有春秋圣境者，乃宋崇宁时破磔蛟古迹也"，说明辽代天祚帝时期、北宋徽宗崇宁年间，东岳庙一带已有庙宇存在，坐北朝南的庙址表明庙南今朝外大街已有东西走向的道路。

但是，真正有明确记载和文物遗存的朝阳区历史，还得从元朝大都建成开始，即忽必烈至元十三年（1276），《元史》大都路载：元大都"十一门，…北之东曰安贞（今安定门小关），北之西曰健德（今德胜门小关），正东曰崇仁（今东直门）、东之右（南）曰齐化（今朝阳门）、东之左（北）曰光熙（今北京东城区和平里东广熙门）"。泰定二年（1325），鲁国大长公主祥哥剌吉自京师归全宁，道出齐化门（今朝阳门），祈祷于大生殿，出私钱巨万以作神寝，并画东岳大帝、帝后与侍从之像。天历元年（1328），元文宗图帖睦尔即位后，遣使迎姑姑、岳母鲁国大长公主祥哥剌吉于全宁；元文宗皇后迎母祥哥剌吉于齐化门东岳仁圣宫，适后殿落成，祥哥剌吉拜祭东岳大帝后又到其神寝之所，天子乃赐神寝名曰昭德殿。鲁国大长公主东出齐化门祈祷东岳大帝再北走通县、喜峰口、滦平、大宁、全宁的回家路线，与宋出使辽金使节所走路线吻合，证明今天的朝阳门外大街和朝阳路至迟在元时就已成型，而且伴随元明清庙市相生相长。

明洪武元年（1368），明军占领大都城后，为便于防守，将北城垣南缩约五里至今北京德胜门、安定门一线。明成祖永乐十七年（1419）为营建北京宫室、迁都北京，又将元大都城南垣向南展拓约二里。因此，大都城南面的丽正、顺承、文明三门亦毁，齐化、崇仁、和义、平则四门则被包筑在明北京城东西城垣之中。明英宗正统四年（1439），修建城楼、箭楼、瓮城的齐化门改名为朝阳门，沿用至今。

朝阳门外大街过东大桥称为朝阳路，明清时期称为国门东孔道、朝阳门关外石道。朝阳门石道经始於雍正七年八月至雍正八年五月告竣，长度为 21.241 公里。另据立于定福庄路北乾隆二十六年（1760）《重修朝阳门石道碑》记"经始乾隆丁丑十月越庚辰七月落成"，重修号称"国东门孔道"的朝阳路石道，长 21.261 公里。与雍正时期相比，仅差 20 米。雍正皇帝说"自朝阳门至通州四十里为国东门孔道…建修石路。"

从朝阳门到通州的朝阳路，民国时称朝阳街，1942年筑混凝土地面。1951年8月改称朝阳门关厢街，1953年拓宽路面并铺装沥青，1956年称今名。朝阳门外关厢地区在二十世纪五十年代前，拥有辽、元、明、清、民国五个时代，佛教、道教、伊斯兰教、天主教、基督教和民间俗教六大门类，寺、庙、宫、观、庵、院、祠、堂、禅林九大称谓的宗教场所41处，各个庙宇之间都有自己的重要节日，你方唱罢我出场，庙市兴隆，奠定了今天朝外商业大街的基础。如今除东岳庙、九天宫、南下坡清真寺外，朝外大街其余23座庙均已消逝。

拥有八百多年历史的朝阳门外大街，汇聚了元代东岳庙、明代日坛和九天普化宫、清代南下坡清真寺等众多享誉中外的文物古迹，芳草地、吉市口、景升街、水门关胡同、盛管胡同、天福巷等老街旧巷，东岳庙庙会、日坛"春分朝阳"等传统节俗，可谓北京南北中轴线之外保存历史信息最多的　条古街，古都风貌守望者称之为朝阜路。朝阳门关厢是古代通惠河、朝阳门石道的交汇之地，更是朝阳区得名的发祥地。朝外大街是北京知名的商业大道，而充满元明清庙市元素的基因仍在传承不息。朝阳门外大街周边还保存者燕京八景之一的金台夕照遗址，以及北京五镇之一的东方木镇皇木遗址，乾隆皇帝赋诗的金台夕照碑和神木谣碑，历经磨难"破土而出"，可谓文化之幸事。

拥有八百多年历史的朝阳门外大街，无疑是首都北京兴衰荣辱的见证者。元代、明代先后在都城东朝阳门关厢一带奠基的东岳庙、日坛，既是道家东方主生思想的延续，又是齐化门、朝阳门取名"天齐化民"、"日出东方利中国"的最好诠释，加之金台夕照乃人才汇聚之地，方有朝阳文化正朝阳的盛景。作为一名在朝阳门关厢工作生活20余年的文博工作者，早有耙梳古籍、篦捋方志、展查旧迹之志，今见此书，有感朝阳门至金台夕照的朝外大街，人文历史脉络再现，朝夕之间已过千年，人生也需有只争朝夕的精神，故为书取名《朝华夕拾》并乐为之序。

曹彦生

2018 年 11 月 4 日写于北京东岳庙荣慈轩

目 录

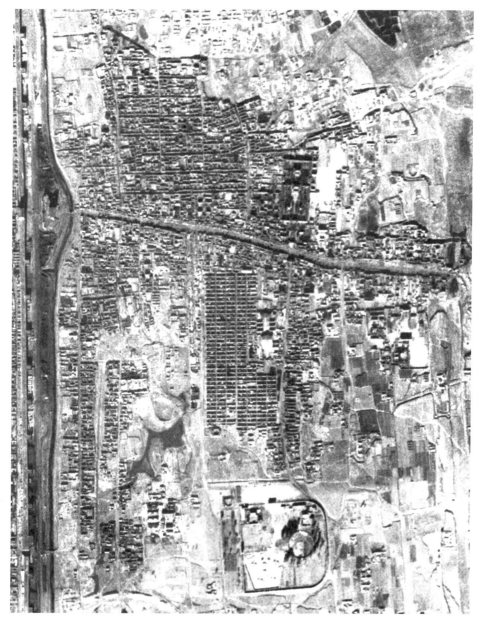

图 F-1 1943 年航拍图

图说朝阳门外历史变迁

图 F-2　1958 年航拍图

图 F-3 2016 年卫星图

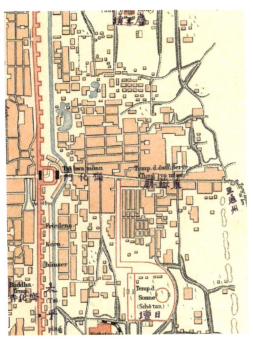

图 F-4 1901 年绘制朝外地区图

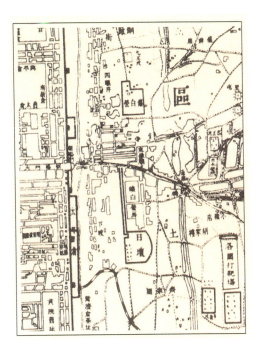

图 F-5 1915 年朝外地区测绘图

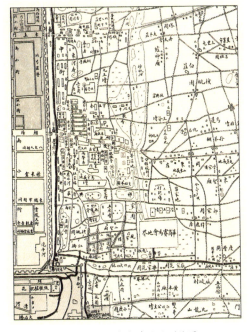

图 F-6 1930 年朝外地区测绘图

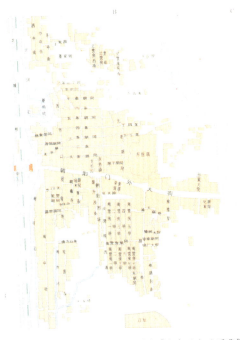

图 F-7 1947 年朝外关厢地图引自《北京历史地图集》

图 F-8　1982 年朝外地区图引自《北京市区地图册》

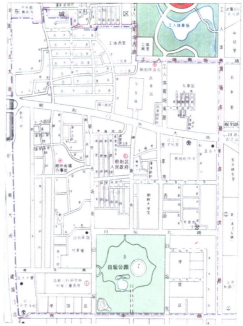

图 F-9　1993 年朝外地区图引自《北京市朝阳区地名志》

图 F-10　1998 年朝外地区图引自《北京市城区街道图》

图 F-11　2014 年朝外地区图

第一章
古都北京最早迎接日出的城门
——朝阳门

朝阳门原为元大都内城东垣之南门称"齐化门",明代初期该城门仍称"齐化门",明代正统四年（1439）扩建该城门后,改称"朝阳门"。朝阳门是古都北京最早看见日出的城门,已有七百多年的历史。

元至元四年（1267）,忽必烈下令修筑新城大都时,都城十一座城门在夯土城墙上仅有城楼,元至正十九年(1359),诏京师十一座城门皆修筑瓮城,造弯（音"吊"）桥。从此京都十一门始有瓮城和弯（音"吊"）桥。元代齐化门的命名与城西南门的平则门相对应。"齐化"则是"天齐化民",为元代朝廷治民之理念。元朝虽为

图1-1 1906年朝阳门最后一次大规模修缮完成后,朝阳门北侧全貌照片

蒙古人的朝廷，但是典章制度大多出于汉人与色目人之手。在中原，文化方面仍是以汉制为主。

明朝取代元朝时并没有像蒙古人灭金时毁灭金都城，而是对大都城进行了合理的保护和修缮，虽然都城的北部向南缩进了五里，齐化门仍名其旧。并于洪武元年（1368）、洪武四年（1371）、永乐十七年（1419）多次加以修缮。明英宗正统元年（1436）大规模重修京城九门。工程从正统二年(1437)正月开工，至正统四年(1439)四月竣工。扩建了九座城门；完善城门规制，在瓮城月墙侧边开辟门洞修

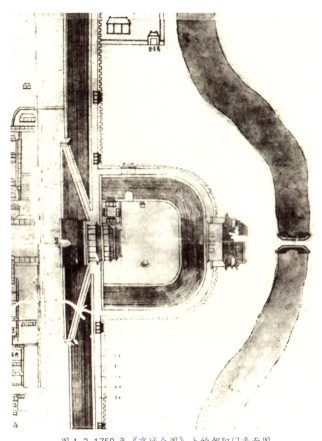

图 1-2 1750 年《京城全图》上的朝阳门平面图

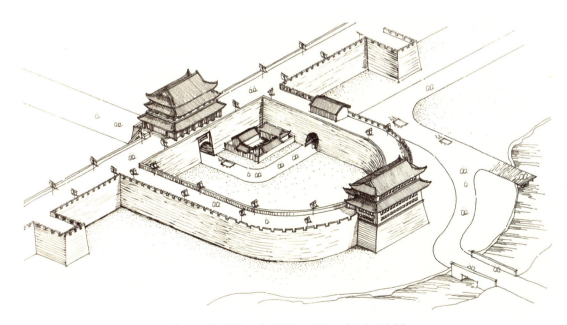

图 1-3 朝阳门复合建筑效果示意图 （巩金蕊绘制）

3

图1-4 民国时期的朝阳门城楼东侧

建闸楼，加装千斤闸；改变了原瓮城城门居中、正对护城河上木制弯桥的旧时设计，在原瓮城门的位置增筑箭楼，但箭楼箭台下不设门洞（正阳门除外），所有弯桥均改建为石桥。朝阳门的瓮城内西北角添建关帝庙一座。这次改建后使京都城门由元时的单体建筑发展成为复合建筑群。工程结束后，齐化门更名为朝阳门。

图1-5 进出朝阳门的商贾旅客

明洪武帝建都南京城，南京城东门为朝阳门，迁都北京后重将"朝阳"之名冠于东垣之门，也有隐喻恢复洪武旧制和传承有序之意。"朝阳"还有两重意思，一是朝阳门在东方，由城内望去，是朝着太阳的方向；二是从城外来城内的人，则是朝着皇帝的方向走去，皇帝为天子，朝拜皇帝也叫做"朝阳"，朝阳之名二字出自《诗经》"梧桐生矣，于彼朝阳"。朝阳门与阜成门名称的变更，是继"崇仁门"和"和义门"

改称"东直门"和"西直门"，
"丽正门"改称"正阳门"，"文
明门"和"顺承门"改称"崇
文门"和"宣武门"之后，改"齐
化门"和"平则门"为"朝阳门"
和"阜成门"，完成了明朝对
元大都城保留下来的七座城门
名称的全部变更，历时七十年。

图 1-6　民国时期朝阳门外的运粮车队

　　元代的"齐化门"是都城非常重要的城门，仅次于正南地位的城门"丽正门"，
就是因为元代的漕运及通惠河的开通，将南方的粮食经大运河入通惠河运抵京都，
满足都城朝廷及市民的需求。随着北方草原大量人口和军队迁入京都，单靠水运已
不能满足都城对粮食的调运，只能开辟水陆并行的粮食运输。齐化门距漕运码头之
一的"文明门"（崇文门）最近，又是通往通州陆路交通最近的城门，齐化门周边

图 1-7　1870 年拍摄的朝阳门迤南的城墙与护城河及西岸城墙根下的太平仓

建有海运仓、北新仓、禄米仓及齐化门外的多处皇家大粮仓，因此齐化门就成为都城粮食运输仓储最便捷的城门。到了明代，京城周边的水运系统开始衰退，由陆路转运逐渐成为京城粮食供应最主要的途径。故朝阳门成为京城重要的"粮门"。明正统四年（1439）修建朝阳门时城门洞内墙壁刻有谷穗图案，每逢京都填仓之日，往来粮车络绎不绝，"朝阳谷穗"成为南粮北运的终点见证。据民国时期马芷庠著，张恨水审定的《北平旅行指南》一书记载："朝阳门洞左侧壁上有石刻谷穗一。清光绪庚子之变，外兵由东面攻城，城垣迄今，多枪炮孔，此石刻亦碎其半，仅存半部，俗传早年朝阳门为进粮之门，故刻此纪实。"该石刻自 1903 年重修朝阳门后消失。清代由朝廷修筑朝阳门至通州运河码头的朝阳路为石板路，并称其为"国门孔道"。由此可见当时的朝廷对于朝阳门及朝阳路这条维系生命的粮道的重视程度。

朝阳门自明代修建九坛八庙后，就成为明清两代皇帝前往朝日坛祭祀太阳神的必经之门。又因清代的多数皇陵位于今天河北省的唐山市遵化西北，自顺治十八年（1661）开始，历时 247 年陆续建成大小 15 座陵园，埋葬了五位皇帝及众多的后妃、皇子公主。自清雍正年起皇家前往清东陵祭祀先帝都会东出朝阳门。

图 1-8 朝阳门外环城铁路边的粮仓

图 1-9 1900 年八国联军的炮火轰毁的朝阳门箭楼北侧

明清时期，朝阳门作为京城的东大门其守城的军事地位和作用更加凸显，成为内战和外来入侵战争的最前沿。朝阳门（齐化门）第一次迎来大规模的战争洗礼，就是元末明军在徐达的率领下强攻齐化门，最终占领元大都城，元朝覆灭。明末李自成率农民起义军进攻京城，朝阳门又成为战场之一，由于冷兵

图 1-10 被八国联军炮火损毁的朝阳门箭楼东侧

图 1-11 1900 年同时被摧毁的正阳门箭楼

图 1-12 1900 年同时被摧毁的崇文门箭楼

图 1-13 1910 年前后拍摄的修复后的朝阳门北侧全貌及护城河

器对朝阳门的建筑不能
构成太大的伤害,所以
朝阳门在这次战争中没
有受到太大的破坏,到
了清朝末期,国力衰弱,
外国列强开始了不断的
侵犯。清光绪二十六年
(1900),八国联军发动侵
华战争聚兵朝阳门下,工
业革命使得列强的军事
装备有了巨大的提升,
京城首当其冲的防御设
施朝阳门箭楼,在猛烈
的炮火中被摧毁,同时
遭到摧毁的还有崇文门
箭楼和正阳门箭楼。光
绪二十九年(1903)清
政府对朝阳门进行了全
面修缮。这次重修历时
三年,修缮后的朝阳门
建筑群焕然一新。这也
是朝阳门建筑最后一次
大规模的修缮。

图 1-14　1903 年清政府重修后的朝阳门城楼、箭楼及月墙

1937年日本侵华战争期间，朝阳门又一次被侵略者洗劫，日本侵略军占领了北平，日本军队登上朝阳门城楼，并在朝阳门下的火车站运兵。

1948年中国人民解放军为了保护这座千年古城不再遭受炮火的破坏，中国共产党做了大量的工作，力劝国民党北平最高长官傅作义和平起义。经过一番艰苦的努力，北平终于和平解放，中国人民解放军接管北平市，并在朝阳门下进行守城军队的换防交接。朝阳门从此远离战争伤害。

图1-15 1949年1月31日北平和平解放，中国人民解放军在朝阳门城楼下接替国民党军队的北平城防

图1-16 1949年1月31日，朝阳门城楼门东侧，中国人民解放军与国民党军队换防交接完毕

朝阳门城楼

依据 1924 年奥斯伍尔德·喜仁龙著《北京的城墙与城门》所载：朝阳门城楼的形制与阜成门城楼相同，并与之相对应，但其宽度等各部位尺寸要略大于阜成门城楼，在细部存在些差异。朝阳门城楼面阔七间，楼宽 27.5 米，通宽 32 米，进深三间，楼深 13 米，通进深 17 米；楼连台通高 32 米。三滴水重檐歇山顶，灰筒瓦绿琉璃瓦剪边，戗脊小跑 7 个。一层和二层廊柱均为 20 根，二层平座四角另有戗柱 4 根，支撑着二层重檐的四角。城楼于 1903 年进行了全面修饰，损毁的全部内外构件都得到了更换，使朝阳门城门楼的巍峨雄伟，壮观华丽得到了完整体现。这从整修后的照片上可以一览无馀。

1951 年《城楼等古代建筑状况调查报告》实测，

图 1-17 民国时期朝阳门城楼西侧

图 1-18 民国时期朝阳门城楼东侧

朝阳门城楼建在城台上中央部位的一个长方形
台座上，台座四周有青石台明，台座南北长
33.75 米，东西宽 19.1 米，高 0.32 米。朝阳门
城楼的建筑形式，是两层歇山顶重檐三滴水楼
阁式，但是，其结构和做法与其他城楼有所不同，
最明显的区别是楼室面宽七间，楼室内有 12 根
明柱。首层楼室外四周有廊，廊宽 2.85 米，廊
下有明柱 20 根，柱径 0.65 米，两侧有抱框。
前后两面明间的柱间距是 5.65 米，次间和次边
间是 4.1 米，边间是 4.9 米。两山中间的柱间
距（柱中至柱中）是 7.4 米，边间为 4.9 米。

图 1-19 民国时期朝阳门城楼内楼梯

图 1-20 朝阳门城楼西北侧

图 1-21 民国时期朝阳门城楼西南侧

首层楼室面宽七间（五大间，二小间），进深三间（一大二小），南北长 27.45 米，东西宽 12.8 米，四面各有一樘木板门。楼室内有 12 根明柱，柱径 0.76 米，四面有抱框。前后两行，每行 6 根，室内靠东墙南侧有两跑木楼梯。

图 1-22 民国时期朝阳门城楼内景

二层楼室四周也有廊，廊宽 2.75 米，廊下有 20 根明柱，柱径 56 厘米，两侧有抱框。四角翼檐下各有一根擎檐柱，柱径 26 厘米。楼室内有 12 根明柱，与首层楼室内的 12 根明柱对接。廊前有木栏杆，栏杆外边有青石压面石，下面挂木滴珠板。

二层楼室面宽七间（中五间为整间，两端均系小半间），进深三间（中间为整间，边间均系小半间），南北长 25.05 米，东西宽 10.4 米。西面的明间有 6 扇格扇门，东面的中三间有 14 扇格扇门。两山是木板门。

　　城台的东面与城墙取齐，西面凸出于城墙。凸出部分的两侧各有一跑阶梯式登上城台的马道，马道宽 4 米，城台凸出于马道 1.05 米。

　　城台的顶面南北长 36.05 米，宇墙内净长 35.05 米，东西宽 21.95 米，宇墙内净宽 21 米。城台的底部南北长 40.25 米，底部东西宽（门洞深）25.15 米。城台高 12 米，城台的上顶高于城墙约 0.75 米，两侧有坡道连通。

　　城门洞的上部结构是半圆形五毼五伏城砖拱碹，门洞内有门掩，门掩处上顶有门头过木，下面有青石门礅石，两扇木板门完整。门掩以东的门洞宽 5.45 米，门洞高约 5.65 米。门掩及其以西的门洞宽 6.15 米，门洞高 8.85 米。东门脸上有一块青石匾，镌刻"朝阳门"三个凹形大字。

　　城门内两侧各有五间值班房，均系圆脊硬山顶，中三间前面有廊，两端各是一间屋，东西长 18.15 米，南北宽 6.9 米。

图 1-23 1912 年拍摄朝阳门箭楼东侧及护城河驾桥

朝阳门箭楼

Tung Ting Men
e outer tower and the moat

图 1-24 1921 年奥斯伍尔德·喜仁龙拍摄的朝阳门箭楼东侧

依据 1924 年奥斯伍尔德·喜仁龙著《北京的城墙与城门》所描述：朝阳门箭楼的形制略与宣武门箭楼相同，修筑于凸出瓮城的箭台之上。正面俯瞰着护城河弯桥和朝外大街。面向城外的三面均设有对外攻击型的箭窗。

1951 年《城楼等古代建筑状况调查报告》实测：箭台的西面与瓮城的城墙取齐，东面凸出于瓮城城墙，底部凸出 12.4 米，顶面凸出 11.8 米（包括外出檐）。箭台的底面南北长 38.95 米，东西宽 26.6 米。箭台的顶面南北长 34.75 米（包括外出檐），东西宽 23.4 米（包括外出檐）。箭台高 11.5 米，箭台的顶面和瓮城城墙顶面高程相等。

箭楼建在箭台上面的东边，主楼的南、北、东三面与箭台的墙面取齐（箭台上顶有四层城砖外出檐，出檐

宽 0.3 米）。该箭楼是一座大型带
抱厦城堡式建筑，主楼的楼顶是歇
山式，南、北、西三面是两层檐，
两层檐之间有一层箭窗，东面有
12 窗，南北两山各 4 窗。楼体的
外墙面自下而上有收分，内墙面是
垂直墙面，墙壁底面厚 2 米。南、北、
东三面墙上有 3 层箭窗，东面每层
12 窗，两山每层 4 窗，全楼共有
80 个箭窗。主楼的外墙底部南北
长 34.15 米，东西宽 11.5 米。抱
厦在主楼的西面，楼顶是歇山式单

图 1-25 1930 年中前期，朝阳门箭楼内部东北角梁架
斗拱，重建后二十余年，梁架彩绘还非常清晰

图 1-26 1930 年前后，朝阳门箭楼东面，箭楼外的二层楼中间外墙上镶的砖匾字迹像是"京东朝阳税局"

图 1-27 1920 年拍摄朝阳门箭楼北侧

檐，大脊在主楼上层檐的下面，抱厦的楼顶檐和主楼的二层檐相连接。抱厦的外墙底部南北长 27.15 米，东西宽 6.65 米，墙壁底面厚 2 米。南北两侧的墙面上部各有一个通风瞭望两用窗。西面有三樘大木板门。箭楼内（主楼与抱厦之间）有一排 6 根明柱，柱径 0.76 米。箭楼全宽 17.8 米。

箭楼所建的中心位置与其他城门无异，但非常特殊并费解的是箭楼横向轴线并不与城楼平行呈南北向，而是偏向西南－东北向大概有 20° 左右（图1-30），也就是说箭楼是斜的。因没有找到相应的记载和解释，还有待于探讨。

图 1-28 朝阳门箭楼东北侧

图 1-29 1921 年朝阳门箭楼背（西）面，瓮城已拆除

图 1-30 从 1943 年朝阳门的航拍图上可以看出
朝阳门城楼和箭楼横向轴线不平行

图 1-31 1923 年拍摄朝阳门箭楼东南侧及护城河

图 1-32 1906 年拍摄修复后朝阳门瓮城东南角的弧形月墙

朝阳门瓮城

朝阳门箭楼左右两侧的城墙与内城的城墙相接，在城门处形成了一个向外突出的小城，称之为"瓮城"。瓮城的作用就是把防御线从城楼向外移，起到保护城楼、防攻易守的作用。

朝阳门瓮城的平面形状
与相对应的阜成门瓮城一样，
与东直门和西直门的直角长
方形瓮城不同，瓮城与城墙连
接处为直角，瓮城外端为弧形
转角连接箭楼。城墙柔美的曲
线与刚毅挺拔的箭楼形成鲜
明的对比，庄严而美丽。

朝阳门瓮城铭记：瓮城
东西长 62 米，南北宽 68 米，

图 1-33 1900 年拍摄朝阳门瓮城西北可见
城门满汉文牌匾、关帝庙和券门及闸楼

21

图 1-34 朝阳门瓮城东北侧的弧型城墙

瓮城北侧开辟券门，券门上建有闸楼，瓮城内西北角建有关帝庙，坐北朝南。

民国四年（1915）北洋政府为修建西直门至东便门环城铁路，拆除了瓮城及闸楼，保留箭楼及其两边的一小段城墙，将瓮城的断茬加以修饰。

1951年《城楼等古代建筑状况调查报告》实测：1951年朝阳门只有城楼和箭楼。根据

图 1-35 朝阳门瓮城内的两座券门

图 1-36 1901 年拍摄的朝阳门瓮城外闸楼北侧

箭楼两侧的瓮城城墙（箭楼耳朵）和瓮城与城墙连接处留下的痕迹，瓮城的平面图形是大圆角（东北角和东南角是圆角）长方形，实测数据为：内侧东西长68.55米，南北宽63.25米。瓮城城墙的顶面外侧有垛口墙，内侧有宇墙。

朝阳门闸楼

京城内城九座城门的箭楼，除正阳门箭楼外其他八座箭楼的箭台均不设门，进出城门须经瓮城闸楼下的券门。朝阳门瓮城闸楼券门设在北侧月墙上，与东直门瓮城南侧的闸楼遥遥相对。内城各城门瓮城闸楼券门的 朝向都有讲究，城东墙北部东直门的闸楼券门朝南，南部朝阳门的闸楼券门朝北，两座瓮城闸楼脸对脸。同样城西墙北部的西直门与南部阜成门的两座瓮城闸楼也是相对而开。而城南正阳门的瓮城闸楼有两座，券门开在瓮城的东西两侧，对应着崇文门和宣武门的闸楼，只有城北东边安

图 1-37 朝阳门瓮城内闸楼南侧

定门的闸楼是个特例，与西边的德胜门闸楼一致都朝东。

朝阳门的闸楼为硬山式灰筒瓦顶，外侧设箭窗 2 排 12 个，内置千斤闸，下面辟瓮城券门洞，门洞内不设门扇，装有由闸楼控制可以吊起或放下的"千斤闸"，控制瓮城进出的行人和车辆。

民国时期的朝阳门

民国四年（1915）北洋政府为修建西直门至东便门的环城铁路，拆除了朝阳门的瓮城及闸楼，环城铁路从城楼与箭楼之间穿过。在朝阳门城楼东面南侧修建了朝阳门火车站和货场。朝阳门箭楼成了一个单体建筑。箭楼两边保留了一小段城墙，将瓮城的断茬加以修饰，建成"之"字形马道，俗称箭楼"耳朵"。

1955 年 3 月在北京城市交通改善工程中，在距朝阳门城台北侧 30 米的城墙处开辟了一个 20 米宽的豁口。修建豁口内外道路，增设铁路道

图1-38 1916年拍摄的朝阳门城楼东面，可见拆除瓮城后城墙上留下修补的痕迹及新建的火车站

图1-39 朝阳门瓮城拆除后城楼和箭楼均成为单体建筑

图1-40 朝阳门瓮城拆除后箭楼两端修建的"之"字形马道

口。将原来进出朝阳门的行人和车辆只能从朝阳门城门洞通过的一条路，改为城门
洞与朝阳门豁口上下单行道分流的道路交通。

　　为改善城市交通状况，防止破损的朝阳门城楼坍塌，造成行人安全隐患，1953
年北京市政府就做出了拆除朝阳门城楼的决定，但这个决定被拖延了三年，1956 年

图 1-41 1955 年开辟豁口前朝阳门城楼的交通状况

10 月 16 日由国家媒体《北京日报》报道"朝阳门城楼已拆除""1956 年 10 月 9 日下午顺利完工"。实质是只拆除了朝阳门城台上部的木结构城楼，城台未拆。当年负责拆除工作的专家认定朝阳门城楼确切的拆除工作完成是 1957 年 4 月中旬至 4 月 29 日。

　　1958 年北京市修建上下水道工程，铺设排水暗沟施工时，发现朝阳门箭楼出现裂缝现象，并且在不断发展，为防止意外事故的发生，经市政府同意拆除了朝阳门箭楼。1958 年 9 月 25 日国家媒体《北京日报》报道"14 天已拆除朝阳门箭楼""1958 年 8 月 25 日开工，9 月 9 日就完工了"。实质是只拆除了朝阳门箭楼的上部结构，箭台未拆除。

图 1-42 1955 年朝阳门北侧开辟豁口，增设铁路道口

图 1-43 1956 年 10 月 16 日《北京日报》
对拆除朝阳门城楼的报道

图 1-44 1958 年 09 月 25 日《北京日报》
对拆除朝阳门箭楼的报道

图 1-45 1958 年朝阳门箭楼拆除前，可见墙体已开裂，箭楼前放置了施工用水泥管

朝阳门的城楼和箭楼拆除后，巨大的城台和箭台也随后被拆除，只有朝阳门的名字作为地名被保留下来。从（图1-46）1958年航拍图中朝阳门遗留的建筑物阴影推测，朝阳门城楼和箭楼已不在，但城台①，城台马道②清晰可见，箭台③也依然存在。今天我们通过老照片，依旧能看出朝阳门当年的恢宏风貌。

图 1-46 1958 年航拍朝阳门建筑物遗址

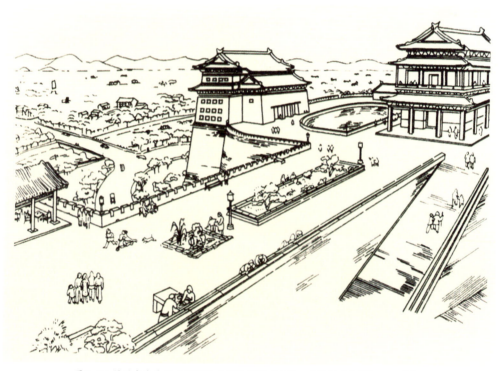

图 1-47 梁思成先生的北京城墙公园设想图（来源：《梁思成文集》1986 年）

第二章
各具功能特色的地区文脉
——四条古街

朝外地区历史上有四条著名的古街。最早形成于元代的是朝阳门外大街，既是古代京城的驿路又是京城的粮路，是一条繁华的商路；神路街是元代伴随东岳庙的兴建为东岳大帝出巡仪式而形成的神路；景升街是明代设立朝日坛时修建的皇家赴朝日坛祭祀太阳神的礼神路；南中街则是清代伴随清真寺的建立而逐渐形成的回汉

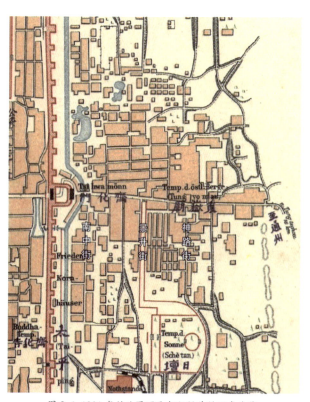

图2-1 1901年的地图可见朝阳门外的四条古街

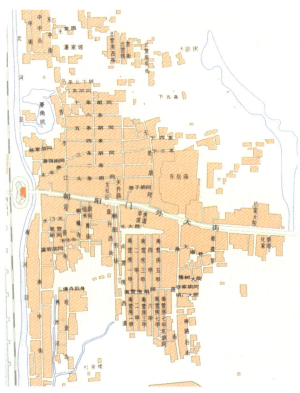

图2-2 1947年的地图上景升街已经消失

图 2-3 从朝阳门箭楼上拍摄朝外大街

居民杂居，充满穆斯林特色的古街巷。四条古街的功能特色鲜明，街道周边衍生着朝阳门外地区的商业、宗教、文化、民生、极具地区特色，是朝阳门外地区发展的重要历史文脉。

朝外大街

朝阳门外大街始于朝阳门，元大都修建齐化门时是齐化门关厢的主街，明代重修京都城门后改齐化门为朝阳门，因而成为朝阳门关厢主街，更名朝阳路。由于朝外大街是进出朝阳门的必经之路，承载了国计民生的重要使命，明清时期称其为"朝阳路""朝阳门关外石道""国东门孔道"。

朝阳门外大街虽始于元代却拥有更悠久的历史。自汉、唐、辽、宋等各朝代都有使节、官宦、游侠途经此路的文字记载。

朝阳门外大街最早是条土路，明清时期京城漕运不再抵达积水潭和文明门（崇文门）后，从大运河运抵张家湾的众多粮贡物资，通过人力、畜力经朝阳路进朝阳门运进城里，供应庞大的中央机构、守城官兵和居民每日之需及储备。朝阳路就承载了由驿路逐渐演变成京城重要的陆路运输任务。正如雍正皇帝在《御制通州石道碑》碑文中所叙说的"自朝阳门至通州四十里，为国东门孔道。凡正供输将，匪颁诏糈，由通州达京师者，悉遵是路。潞河为万国朝宗之地，四海九州岁致百货，千樯万艘，辐辏云集。商贾行旅，梯山航海而至者，车毂织络，相望于道。盖仓庾之都会，而水陆之冲逵也。虽平治之令以时举行，而轮蹄经涉，岁月滋久，地势渐洼。又时雨既降，积雪初融之后，停注泥淖，有一车之蹶需

图 2-4 朝外大街街景

图 2-5 朝外大街石板路

数十人之力以资牵挽者矣。朕心轸念，爰
命所司，相度鸠工，起洼为高，建修石路。"
清雍正七年（1729），修建朝阳门外石道，
改土路为石板路，从此称该路为"朝阳门
石道"。清乾隆二十六年（1760）又重修
朝阳门石道，称"国东门孔道"。

民国三十一年（1942）朝外大街筑混
凝土地面。1951年8月改称朝阳门关厢街，
1953年拓宽路面并铺装沥青路面，1956
年改称朝阳门外大街。

朝阳门外大街自朝阳门至东大桥短短
的1.5公里距离中汇聚了元代东岳庙、明
代日坛和九天普化宫、清代上坡、下坡清
真寺等众多享誉中外的寺庙；菱角坑、芳
草地等郊野景观；景升街、神路街、吉市
口、元老胡同、观音寺胡同、天福巷等老
街旧巷；东岳庙庙会、日坛祭日、清真寺
开斋节等传统节俗，可谓北京南北中轴线
之外保存历史信息最多的一条古街，时至
今日充满元明清庙市元素的基因仍在传承
不息。

朝外大街的南侧和北侧有清代守城的
兵营，南营房和北营房驻扎的官兵及眷属
使关厢地区的满族人口增多，南中街一带
清真寺周边，黄寺、净住寺喇嘛庙周边居
住着少数民族群众，给这里带来了丰富多
彩的民族习俗和文化，大家在这里和谐共
存融洽相处。

图 2-6 1928 年朝阳门箭楼外正在休息的洋车夫

图 2-7 民国时期朝外大街上的交通工具

朝外大街是条繁华的商业大道，以东岳庙为中点，东岳庙以西各种商号比较多，点心铺、酱菜园、日用品、茶庄、绸缎庄、肉铺、饭店、回民小吃店、首饰店、文具店、澡堂子、中药铺等；东岳庙以东是以旅馆、大车店、私人作坊为主，有修车的、打马掌的、铁匠铺、豆腐坊、修笼屉的、煤铺、棺材铺、土特产、五金器具等，明清时期两侧的店铺商号达四百多家，是京城中轴线外少有的昌盛之地。

朝外大街历经数百年风雨沧桑，至今仍是北京城重要的商业文化大街之一。

图 2-8 二十世纪五十年代的朝外大街

图 2-9 二十世纪七十年代朝外大街南侧的市场街北口（原景升街北口俗称：坛口）

图 2-10　二十世纪七十年代朝外大街上的神路街琉璃牌楼

图 2-11　二十世纪七十年代朝外大街上的东岳庙山门

图 2-12　二十世纪七十年代朝外大街北侧的吉市口胡同南口

图 2-13　二十世纪七十年代朝外大街南侧的朝阳中学（陈经纶中学）

图 2-14　二十世纪七十年代朝外大街上的 112 路和 109 路电车站（神路街站）

图 2-15　二十世纪七十年代朝外大街上的朝阳区工人文化宫

景升街

景升街始建于明代嘉靖九年（1530）名为"礼神街"，清代雍正二年（1724）改称为"景升街"。该街位于朝阳门外朝外大街南侧，是明清两代皇帝祭祀大明之神"太阳神"之时的皇家禁地。

图 2-16 1897 年景升街北口，可见景升街牌楼、朱栅和红墙

礼神街北口建有精美木制彩绘牌楼"礼神坊"，坊前设有朱红色栅栏，由官兵把守，是百姓不能进入的皇家禁地。礼神街东西两侧筑有红色外墙，形成一条宽约50米，长约1.26千米的甬道。甬道向南折而向东至朝日坛的北天门。每逢春分时节皇帝亲祭日坛，自紫禁城的东华门出朝阳门至礼神坊，于礼神坊前下礼轿，在卤簿仪仗的引领下步行通过礼神街至朝日坛行礼。"礼神街"于清雍正二年（1724）改称为"景升街"。

图 2-17 1917 年由东南向西北拍摄朝阳门外景升街甬道东侧的残垣及墙外坟地，远处可见朝阳门城楼和箭楼

图 2-18 高大的坛墙残端可容下美国摄影师西德尼·甘博

皇家最后一次祭日是清宣宗皇帝于道光二十三年（1843）亲祭，此后祭日的礼仪渐渐荒废，护坛人员裁撤，皇家禁地无人看护，祭坛设施多年失管、失修，坛墙破败，开放了的空旷皇路让各类地摊商贩占据、杂耍卖艺及各路生意人等云集于此，逐渐形成市场雏形，至民国期间该街已有"二天桥"之称，至此皇帝祭礼的景升街逐渐以民间的市场取代。高大的坛墙被毁，残砖剩瓦成为当时民居最便捷的建房材料，自民国以后宽阔的街面两侧涌现出许多低矮简陋的民居，与原坛墙外侧的景升街夹道形成南北并行的三条街，即景升东街、景升西街，中间的就叫市场街了，至此景升街彻底消失。

景升街作为明清两个朝代皇家祭祀礼神的皇家禁地。早已随着清朝廷的衰败而消失了。街道的名称早已不复存在，在景升街的北口，原矗立礼神坊的地方，当地居民至今依然称它为"坛口"，即通往朝日坛的路口。

神路街

神路街成路于元代，是条不很宽的土路，北起东岳庙，南至通惠河北岸的东岳庙老山门，是东岳庙内的主神东岳大帝的出行之路，故名神路街。

神路街原来就是一条很小的无名小路，路的两侧是东岳庙庙产地。路旁稀稀朗朗有几户人家大多是耕种庙产地的佃户，

图 2-20 1947 年神路街地图

据传元代时东岳庙的道士"跃马杨鞭开远门"，即每天早晚开闭山门需骑马至通惠河边的。每年的三月二十八日为祝贺东岳大帝诞辰而形成东岳庙庙会，每逢这一天东岳大帝都要象征性的回家（泰山）一趟，东岳庙举行盛大的欢送仪式，数十人抬着纸糊的东岳大帝塑像，前呼后拥数百人

图 2-19 神路街北口的跨街琉璃牌坊前聚集的人力车夫

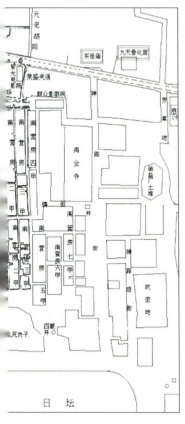

图 2-21 1950 年神路街测绘图

图 2-22 1996 年神路街地图

图 2-23 2016 年神路街影像图

吹吹打打出庙门沿神路街一直向南走（泰山在北京的南方），一路上还有各村派出的秧歌队、高跷队、旱船队等"十三档"的表演，气氛相当的热闹，敬香拜神的、逛庙会的、看热闹的人如山似海，簇拥着纸糊的东岳大帝塑像送到通惠河边，再一把火烧掉，纸灰随通惠河漂流即寓意将神送走。

图 2-24 二十世纪八十年代的神路街

到了明嘉靖九年（1530）明朝皇帝在都城东南修建祭日的"朝日坛"，正好将神路截断在朝日坛的北坛墙处。从此，每年东岳大帝的出巡只到朝日坛北坛墙处就结束啦。该仪式延续数百年，直至1948年东岳庙香火衰落为止。

神路街的北口正对着东岳庙山门的街口，矗立着建于明代的琉璃过街牌楼气势恢宏。神路街北部路东有明万历十七年（1589）修建的弥勒院；西侧则是同年修建的北海会寺；神路街中部的西侧是著名的明永乐年间修建的古刹海会禅林寺和关帝庙；南部东侧则有明万历年间修建的皇姑庵和清光绪年间修建的西方庵。可以想象明清时期神路街上的这些道教和佛教的寺庙香火旺盛，汇众万人，盛况空前，历经数百年的神路街是何等热闹，直到民国时期才逐渐衰落消逝。

南中街

南中街位于朝阳门外大街南侧最西边，南北走向。南中街形成较晚，成路于清代，改建于二十世纪五十年代初期。

南中街北口西侧有一座清乾隆初年翻建的清真寺，因地理位置而称上坡清真寺又叫大礼拜寺或中街清真寺，是一座历史悠久规模比较大的清真寺，因此这里就逐渐成为回

图 2-25 二十世纪八十年代的南中街

族民众的聚居地，当地的回族居民约占居民总数的40%。南中街自北向南形成极具民族特色的商业街，以回族清真小吃店居多，深受回汉族民众的喜爱。

1993年该街北段建成外交部和司法部，中段改称外交部南街，南段称朝外头条。

第三章
连接京城命脉的重要桥梁
——两座古桥

　　进出古都北京的朝阳门必经朝阳路，在从朝阳门至东大桥路段上必须跨越两座古桥，一座位于朝阳门箭楼外的护城河上，称朝阳门窝（音"吊"）桥，一座位于朝阳门关厢东的二道沟南支渠上，称东大桥。这两座重要的古桥历经数百年，历经战火及城市发展建设，是连接京城命脉的重要桥梁。

图 3-1 从朝阳门箭楼东南侧看护城河上的窝桥

朝阳门笕桥

朝阳门笕桥是古都北京城门建筑的一部分，始建于元至正十九年（1359），初建时为木桥。正统四年（1439）扩建了京城内城的九座城门，完善城门规制，在瓮城月墙开辟门洞修建闸楼，在原瓮城门的位置增筑箭楼，但箭楼箭台下不设门洞，将护城河上的木制笕桥改建为石桥。

朝阳门笕桥就建在朝阳门箭楼外的护城河上，东西走向。是一座单孔石台木梁石面桥。是进出朝阳门的人和车马除了渡口的摆渡船外的必经之桥。《朝阳门笕桥结构考察报告》记载：桥堍和桥面上铺砌花岗岩石板，上部结构是密排方形木纵梁，两侧有城砖宇墙式栏杆，上面有青石墙帽，两端有迎面石，栏杆拐角处有护角石，栏杆厚 0.5 米，高 1.2 米，每侧栏杆长 20.3 米。下面有青石地伏。桥面全宽 11.6 米，净宽 10.5 米，桥面长约 5 米，东桥堍长 5.7 米，桥梁全长 16.4 米。桥台属带燕翅型，全部用花岗岩石板砌筑，前墙近北端处有闸板槽（在桥面下方，距北端约 1.7 米）。前墙长 12.8 米，上游（北）燕翅墙长 8.8 米，下游燕翅墙长 7.6 米。跨径 4.15 米。上下游燕翅墙以外皆有城砖砌筑的驳岸。桥栏杆西端以外有城砖砌的护栏墙（弯形），墙体形式与桥栏杆相同，长约 20 米。桥西有花岗岩石板道，石板道绕箭楼一周，直通闸楼门洞。桥东头也有花岗岩石板道（朝外大街石板道），直至东岳庙山门前。

根据该桥的结构状况与做法，桥台和海墁应属明代构造。上部结构曾于清代翻修，民国年间曾更换木梁并做桥面加宽，其中 8 根圆角方形木梁，显然是民国年间所更换。

朝阳门笕桥能够查阅到的历史资料记载：

民国三年（1914）京都市营造局档案记载："朝阳门笕桥是一座单孔石台木梁石面桥，维修桥面及宇墙式砖栏杆。"

民国十七年（1928）北平市工务局的档案中记载："五月翻修朝阳门笕桥桥面，并加宽，全幅达 11 米。"

民国二十五年（1936）八月份的《北平市桥梁状况月报表》记载：桥梁名称：朝阳门笕桥。坐落地点：朝阳门外。所属路线：朝外关厢路。结构种类：石台木梁。桥脚构造：条石砌筑。桥面幅度：10.7 米。桥梁载重：10 吨。桥梁状况：完整。

图 3-2 从朝阳门箭楼北侧看朝阳门笃桥

1953 年拆除城砖（清代）栏杆，桥面两侧添建木结构人行步道，外侧安装木栏杆，桥面加宽后达 15.2 米。

1955 年在朝阳门北城墙开辟的豁口外护城河上新建一座木桥，原朝阳门笃桥和北侧的新桥形成上下行交通。同时维修了笃桥的燕翅墙和桥栏杆。

1958 年因实施护城河疏浚工程，将朝阳门外护城河裁弯取直，拆除了朝阳门箭楼和近六百岁朝阳门老笃桥，在改为直线的护城河上正对老笃桥的位置新建了一座混凝土的梁式桥。

朝阳门新笃桥于 1969 年修建地铁 2 号线填埋护城河时被拆除。

东大桥

东大桥距朝阳门笃桥 1.5 公里，位于朝阳门外关厢东口，横跨二道沟南支渠，东西走向，是京城东部最古老的驿道"朝阳路"上的一座非常重要的古桥，

民国六年（1917）京都市政公所档案记载："查朝阳门外至大黄庄道路属于京

46

津驿道之京都段，全路石板路面，此段驿道上计有桥梁四座，即朝阳门窎桥、东大桥、东八里庄桥、甘露庵桥。"

东大桥始建年代无考，于明正统十一年（1446）重建，据史料记载该桥是一座五孔石板桥，宽二丈（约 6.67 米），长三丈八尺（约 12.67 米），桥洞阔十尺二寸（约 3.4 米）。

清乾隆二十二年（1757）修筑朝阳门至通州西门石板路面，重修了东大桥。

民国八年（1919）改修东大桥。因当时沟渠水量减少渠道变窄就废除了东西两边桥孔，改五孔桥为三孔石板梁桥，桥梁两侧添配罗汉板式石护栏，桥面宽 8 米，桥梁全长 23 米。

1951 年实测：东大桥是一座三孔石板梁桥，桥埢上铺砌花岗岩石板，桥面是花岗岩石板梁，每孔有 13 块石板梁。两侧有罗汉板式青石栏杆，下面有青石地伏，每侧有栏板五块，抱鼓石两块。每侧栏杆长 18.3 米，其中，桥身段栏杆长 13.45 米。桥面宽 8.6 米，桥面长 13.25 米，东西桥埢长 5 米，桥梁全长 23 米。桥台是带燕翅型，前墙长 10 米，燕翅墙长 6.4 米。桥墩两端为尖形，桥墩厚 1.4 米，桥墩长 11.45 米。跨径均为 3.2 米。

桥东的石板道与朝阳路石板道相连，石板路面宽 3.9 米。桥西的石板道至大有粮店门前西边，石板道长约 200 米，宽 3.9 米。

1951 年 4 月，实施朝阳门至关东店道路整修工程。同期，整修朝阳门窎桥和东大桥。

1953 年 3 月下旬至 5 月中旬，实施朝阳门外道路改扩建工程（朝阳门窎桥至东郊粮食市场）。同期，实施东大桥加宽工程。将桥台和桥墩加宽部分的海墁石板掀开，清除梅花桩基础，浇注桥台和桥墩混凝土基础，混凝土厚 1 米。利用石板路面的旧石板，加工后砌筑桥台和桥墩。桥台仍系带燕翅型，桥墩两端仍为尖形。加宽部分的桥面采用圆木做纵梁，梁上铺单层木桥面板，外侧安装木栏杆，栏杆内侧增设人行步道。车行道部分的木板上面铺筑焦渣石灰垫层，车行道全部铺筑沥青面层。东大桥加宽工程于 1953 年 6 月上旬竣工。朝外大街原有路面低于两侧店铺门前步道许多（最大高程差 1.63 米），需要大量土方，经市政府批准，将京城城墙二号豁口与南新仓豁口之间的城墙拆除，城墙土用于朝外大街填土。

1956 年 5 月东大桥大修，将旧桥面全部拆除，更换成预制混凝土板梁，外侧安装预制混凝土桥栏杆，栏杆内侧设人行步道，车行道上铺筑沥青混凝土面层。

1958 年初修建工人体育场，实施二道河上游段（呼家楼以西河段及其南北支流）改暗沟工程，拆除东大桥。在拆除东大桥时，发现桥台的石墙后面有 100 厘米厚的城砖墙，砖材是明代城砖，证明该桥是明代所建。

东大桥历经五百多年的风雨碾压，从元、明、清、民国及中华人民共和国初期的五个时期，于 1958 年拆除。东大桥作为地名沿用至今。

图 3-3 该图是民国时期的一座石板桥，不是东大桥，但样式与明代东大桥近似
东大桥于明代重建时是五孔石板桥，民国八年（1917）改为三孔石板梁桥

第四章
精美绝伦的建筑装饰
——十一座牌楼和牌坊

　　"牌楼"和"牌坊"是中国的国粹，是中国古代建筑艺术的精华。古都北京的牌楼和牌坊建筑布局细腻，结构紧凑，形式多样，文化内涵深厚，远看巍峨壮观，近看玲珑剔透，是古都风貌的特征，也是街道、桥梁及重要建筑的装饰物。

　　古代的牌楼和牌坊是有区别的，专家介绍说牌楼的楼顶下面有清代或清前朝代的斗栱。楼顶下面没有清代或清前朝代的斗栱，或者有仿古简易斗栱，或者只有立柱和横枋而没有楼，这样的建筑物都是牌坊。牌楼和牌坊的建筑形式多样，风格各异，按建筑材料可分为：木牌楼、木牌坊，石牌坊、砖石琉璃牌坊；按建筑造型分有冲天式（柱出头）、柱不出头式；冲天式牌楼的间柱高出明楼的楼顶，此类牌楼多建于街道；不出头式牌楼的柱子不高出明楼的牌面，此类牌楼多建于建筑前；按结构类型分有一间二柱一楼、三间四柱三楼、三间四柱七楼、五间六柱五楼、五间六柱十一楼等（间，指柱与柱之间的通道；楼，是指飞檐起脊的顶部）；按建筑地点分有街巷道路牌楼（坊）、坛庙衙署牌楼（坊）、陵墓祠

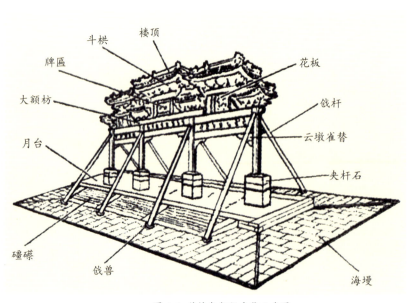

图 4-1　牌楼各部位名称示意图

堂牌楼（坊）、桥梁津渡牌楼（坊）、风景园林牌楼（坊）等。

朝外地区有记载的古牌楼就有11座（不含私家商铺的门脸牌楼），囊括了道路牌楼、坛庙牌楼、桥梁牌楼三种类型，同时拥有木牌楼、石牌楼、琉璃牌楼三种建筑材料的牌楼，这11座牌楼规格高，制作精美，是京城牌楼中的精品。

朝阳门桥牌楼

朝阳门桥牌楼位于朝阳门箭楼外护城河弯桥东侧，属桥梁彩绘木牌楼，修建于明代正统年间。

据《日下旧闻考》卷三十八记载：（正统）四年四月，"修造京师门楼城濠桥牐（闸）完。正阳门正楼一，月城中左右楼各一，崇文、宣武、朝阳、阜成、东直、西直、安定、德胜八门各正楼一，月城楼一。各门外立牌楼。"。由此可见明代京城内城的九座城门外的护城河弯桥桥头，都曾建有一座牌楼。

朝阳门桥牌楼具体什么年代消失和消失的原因没有确切记载，九座城楼中只有正阳门外的正阳桥牌楼一直存在且有影像记录。依据老照片中正阳桥牌楼额匾上书的满汉文"正阳桥"可以想象当年朝阳门外桥头的牌楼上应该有"朝阳桥"额匾吧。正阳桥牌楼是1955年被拆除的，现在矗立在前门大街上的"正阳桥"牌楼是2006年依照民国时期的样式复建的。

图 4-2 1870 年拍摄的正阳门外大街上的正阳桥和正阳桥牌楼

图 4-3 1900 年拍摄修复后的正阳桥牌楼

景升街牌楼

景升街牌楼位于朝阳门外大街路南的景升街北口，属道路牌楼。景升街原称"礼神街"，建于明朝嘉靖九年（1530），当时的牌楼称"礼神坊"，清雍正二年（1724）改"礼神街"为"景升街"，是明清两代皇帝祭祀大明之神"太阳神"之时的皇家禁地。

图 4-4 1919 年拍摄的景升街礼神坊，匾额为满汉文

牌楼下设有朱红色栅栏门，平日有官兵把守，景升街的两侧是红色高墙一直通往朝
日坛，老百姓绝对不能进入此街。史料记载：朝日坛"西北为景升街牌坊，坊前界
以朱栅，长十有五丈"。每年的春分时节皇帝到朝日坛祭日，要在礼神坊前下礼轿，
步行进入朝日坛祭拜。

图 4-5 清代末期拍摄的景升街牌楼南侧

　　景升街牌楼样式无文字记载，从 1919 年的图片分析是一座三间四柱七楼式有
戗柱木牌楼，正楼和偏楼的楼面均为四坡式琉璃瓦顶，各楼皆有两对铁挺钩。正楼
下面是十攒五踩斗栱，偏楼下面是八攒五踩斗栱。柱顶夹楼是四坡式琉璃瓦顶，下
面有六攒（可能是三）踩斗栱。柱顶边楼是三坡式琉璃瓦顶，下面有四攒（可能是
三）踩斗栱。正楼下面有白石匾，可见匾额为满汉文"景升街"。据分析明代初建
时只有汉文"礼神坊"，清代改街名"礼神街"为"景升街"，改牌楼匾额"礼神坊"
为满汉文"景升街"。偏楼下面有大花板。龙门枋与龙门梁之间有折柱和小花板，
边间上下枋之间有折柱和小花板。龙门枋和边间下枋的两端下面有雀替。明间二柱
两侧有抱框，边柱内侧有抱框。边柱上端外侧有霸王拳。四柱的下部皆有夹杆石（下
部被土路面埋没）。戗柱的下端有柱顶石（被土路面埋没）。

　　景升街的牌楼与京城西部的夕月坛礼神街（后称光恒街）北口的光恒街牌楼功
能应该相同，但从老照片上观察却差别很大，光恒街牌楼比景升街牌楼小了许多。
两坛的神路在清末民初均已毁弃，两座精美的牌楼也荡然无存了。

景升街的牌楼与京城西部帝王庙前的两座景德街牌楼几乎一样，两条街一东一西其名称对应，城东部为"景升街"，城西部为"景德街"，景德坊修建于明朝嘉靖十年（1531）仅比景升街牌楼晚一年。景德街牌楼于1953年拆除，2005年12月在新落成的首都博物馆按原貌复制了一座。

图4-6 夕月坛口光恒街牌楼

图4-7 景德街的两座牌楼与景升街的牌楼一致，匾额均为满汉文"景升街"和"景德街"

朝日坛棂星门石牌坊（六座）

朝日坛位于朝阳门外东南方位，建于明嘉靖九年（1530），是明清两代皇帝每年春分之日祭祀大明之神（太阳神）的地方。棂星门石牌坊建在朝日坛祭坛四周红色的垣墙上，日坛是向东方祭拜，西面则是祭坛入口为正门，正门有六根石柱为三座棂星门，东南北三面各两根石柱一座棂星门共计六座棂星门，门及门两旁柱门坎均为石质，红色的木门有棂檐。

朝日坛的棂星门为汉白玉石质冲天柱式牌坊，方形柱顶有桃型柱头，柱下方的云板雕刻着精美的云纹浮雕，柱的内外侧有抱鼓式加杆石，由于石牌坊材质坚硬，虽然历经四百多年的风霜雪雨，天灾人祸，这六座石牌坊依然保存完好。

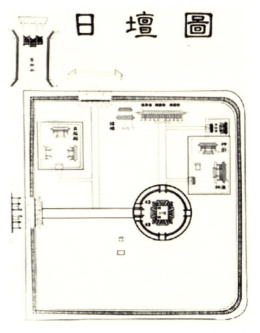

图4-8 朝日坛平面图上可以看出祭坛的垣墙西面有三座棂星门石牌坊，东南北各一座棂星门石牌坊

图 4-9 摄于 1924-1927 年间的朝日坛祭坛垣墙西面的三座棂星门石牌坊

东岳庙跨街彩绘木牌楼（两座）

东岳庙位于朝外大街北侧，始建于元朝延祐六年（1319），庙山门前两侧建有两座木质四柱三间三楼式牌楼，后被大火焚毁。明万历二十年（1592）明神宗的母亲慈圣皇太后懿命重新修建彩绘过街木牌楼两座。立于东岳庙山门前，一东一西横跨朝阳门外大街。东侧牌楼额上书镏金大字"泰虚洞天""宏仁锡福"；西侧牌楼额书"灵岳崇祠""蓬莱胜境"。

两座木牌楼均系三间四柱七楼式有戗柱木牌楼，正楼和偏楼的楼面均为四坡式琉璃瓦顶，各楼皆有两对铁挺钩。正楼下面是八攒五踩斗栱，偏楼下面是六攒五踩斗栱。柱顶夹楼是四坡式琉璃瓦顶，下面有五攒（可能是三）踩斗栱。柱顶边楼是三坡式琉璃瓦顶，下面有四攒（可能是三）踩斗栱。正楼下面有白石匾，偏楼斗栱下面有大花板。龙门枋与龙门梁之间有折柱和小花板，边间上下之间有折柱和小花板。龙门枋和边间下枋两端下面有雀替。明间二柱两侧有抱框，边柱内侧有抱框。

边柱上顶外侧有霸王拳。戗柱的下端有柱顶石。四柱的下部皆有夹杆石。明间二柱的锁口石上面与石板道取平，边柱的锁口石被土路面埋没。这两座牌楼堪称明代规格较高的木质结构彩绘牌楼精品。彩绘木雕精美绝伦，可与帝王庙前的那对"景德街"牌楼相媲美。

从1901年老照片（图4-10）上可以看出，原牌楼的两侧各有四根戗柱；到

图4-10 1901年由西向东拍摄的东岳庙西侧牌楼，每座牌楼
两面仅有四根戗柱，可见朝外大街路面的石条已磨损严重

图 4-11 1920 年由西向东拍摄的东岳庙东侧牌楼，牌楼内侧各增加两根长戗柱，路面石条正在翻修

1920 年的照片（图 4-11）上，可见自庚子事变后，两座木牌楼渐趋糟朽。两座牌楼内侧各增加两根长戗柱；1928 年（图 4-12）牌楼的木结构更加糟朽，为加固牌楼，中间二柱外侧又增加了石戗垛。

1950 年 6 月 14 日，朝外大街的辅华合记矿药厂发生爆炸事件，爆炸地点正在东岳庙对面琉璃牌楼东侧的木牌楼旁，爆炸的冲击致使二座木牌楼尤其东侧的牌楼破损更加严重，为防止牌楼坍塌伤人，北京市辅华事件善后委员会报请相关部门将两座牌楼拆除。

图 4-12 1928 年由西向东拍摄的东岳庙牌楼已见中间两柱外侧增加了石戗垛

图 4-13 1930 年拍摄东岳庙牌楼

图 4-14 1946 年由东向西拍摄的东岳庙两座木牌楼，石板路面已修成油渣路

神路街跨街琉璃牌坊

　　东岳庙山门前原有呈"品"字状排列的三座牌楼。两座木结构牌楼分列山门外左右两侧，横跨在朝外大街上；而砖石结构的琉璃牌坊，则矗立於山门正对面，与山门隔街相望，琉璃牌坊横跨神路街，是东岳大帝出行必经的牌坊。

　　神路街牌坊建于明万历三十五年（1607），是一座三间四垛砖石琉璃牌坊，雄峙若城阙，歇山顶，正楼和次楼的正脊两端施螭吻，楼顶正中饰火焰宝珠。楼面和椽、檩均为琉璃瓦件，正楼次楼的大小额枋间外表镶贴11块花板；次楼匾饰卷草琉璃图案；梁、枋、雀替等均为琉璃件。正楼南北两面的龙门枋上镶有白石匾，宽2.8米，高0.9米。北面石匾撰"永延帝祚"，南面刻"秩祀岱宗"，南面石匾，上款为"万

图4-15 1901年从神路街拍摄琉璃牌坊南侧

历丁未孟秋吉日",下属"内官监总理太监马谦、陈永寿、卢升立。"由此可知琉璃牌坊是皇宫里的太监们捐资添建的。

门洞的上部结构均为半圆形三甃三伏城砖拱碹,两个中垛是用城砖砌筑,南北两面的中间各凸出一根方柱形。两个边垛是砖石混合砌体,外角各镶砌一根青石柱。四个门垛的下部,南北两面皆有一大片夹杆石。每块夹杆石宽1.05~1.08米,厚0.45~0.55米。中二垛的底部(包括砖砌体)全宽2.92米,其中凸出的柱形宽0.57米。两个边垛的底部(包括砖砌体)全宽是2米,其中,方形石柱的断面不一致,有0.55×0.59和0.55×0.52米两种。牌坊总宽度(东西长)是

图4-16 1912年拍摄的琉璃牌坊南侧

图4-17 1934年前后拍照的东岳庙琉璃牌楼

20.15米,厚度(南北厚)是4.01米。中门洞内铺墁石板路面,石板路往北与朝外大街石板路相连,石板路往南直通日坛北门。

据传,牌坊正楼顶部正中原有一座非常精致的琉璃宝顶,清朝末年,这个永不褪色的琉璃宝顶被盗贼窃走。

　　1950 年 6 月 14 日，朝外大街辅华合记矿药厂发生爆炸事件的地点正在琉璃牌坊东侧，因其建筑材料坚固逃过一劫。1988 年朝外大街向北侧拓宽，因琉璃牌坊位于朝外大街南侧，北侧的东岳庙山门被拆除而南侧的琉璃牌坊没有受到影响。原东岳庙山门前四面相对的四座建筑至此只剩神路街琉璃牌坊一座，如今依然矗立在繁华的朝外大街上。该牌坊现为北京唯一保留下来的明代跨街琉璃牌坊；是北京城市街道少有的一座具有四百多年历史的古董建筑景观。

图 4-18 民国时期的神路街琉璃牌坊南侧，可见战争时期的地堡及枪孔

图 4-19 20 世纪 20 年代从东岳庙山门内拍摄的神路街琉璃牌坊前商贩云集

图 4-20 民国时期从同一位置拍摄的神路街琉璃牌坊

图 4-21 民国时期神路街琉璃牌楼南侧

第五章
宗教情感和世俗愿望的寄托
——四十多座宗教场所

朝阳门外关厢一带的祠庙初建于宋代，兴盛于明清，该地区有史料记载的祠庙四十多座，其中列入国家祭祀体系的坛庙就有朝日坛、敕建东岳庙、敕建九天宫、敕建天仙护国佑圣延寿宫四处。其余三十多座包含了道教的宫观庙祠、佛教的寺院庵堂，伊斯兰教的清真礼拜寺，基督教的教堂福音堂。

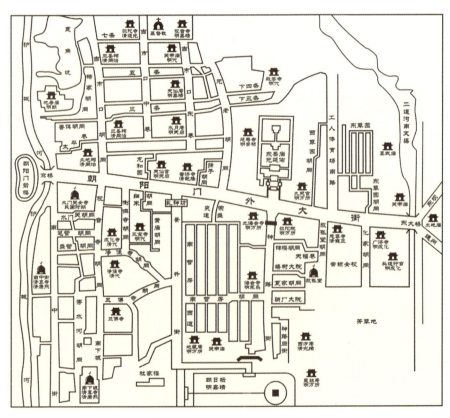

图 5-1 朝外地区历史祠寺分布图

朝外地区在明清时期的庙会盛况空前，会众达数十万人之多，历经数百年。区域内先后修建的四十多座宫、观、庙、寺，为京城民众提供了宗教情感和世俗愿望的表达机会和场所。这样高密度、多民族、多宗教的聚落景观，及丰富多彩的多宗教祭拜和庙会活动，使朝阳门外地区成为京城东部的宗教祭祀、文化娱乐及商业活动中心。

朝外地区历史上这样香客众多、频繁汇聚的祭拜和庙会活动，促进了朝外地区经济贸易和文化生活的发展，促进了地区的社会和谐和繁荣兴盛。

自然崇拜的皇家祭坛——朝日坛

朝日坛位于北京古都朝阳门外南部，东西方向上基本与紫禁城午门在一条线上。是明清两代皇帝每年春分之日祭祀大明之神（太阳神）的地方。

古老的先民崇拜自然，认为太阳具有控制万物生长的力量，人们怀着敬畏的心虔诚地把太阳奉为神祇，崇敬太阳的民间信仰也深深的影响着各朝代的统治者，故历代帝王都有祭祀太阳的礼仪，其历史相当悠久。元代的都城建有"一庙三坛"即

图 5-2 朝日坛北天门和钟楼 摄于 1924-1927 年间

太庙、社稷坛、天地坛、山川坛，合祭天地山川风云雨雪和五岳等神祇，那时的"大明神（太阳神）"是与众神一起祭拜，为从祭。明成祖朱棣迁都北京后，从永乐年间开始一直没有日月专祀之礼，日月合祀长达110年，始终与

图5-3 1900年拍摄的朝日坛北天门

明太祖保持了一致。自明嘉靖九年（1530）开始，这百年的格局发生了变化，分别在京城中轴线的东西两侧圈建朝日坛和夕月坛。三年后，又在南北中轴线旁建天坛和地坛，构成了京城"天"南、"地"北、"日"东、"月"西四坛对称的祭祀格局，以每年农历的"冬至""夏至""春分""秋分"日为各坛的祭祀日，改天地合祭为四郊分祭。从此"大明神（太阳神）"就专坛专祭了。

明嘉靖九年（1530）五月开始在朝阳门外修建朝日坛，嘉靖十年（1531）三月建成。明代朝日坛布局较为简洁，祭坛在坛区中部偏东处，正方形祭坛只有一层，每边长五丈（约16.66米），坛高五尺九寸（约1.96米），四面有白石的台阶各九级；

图5-4 1900年拍摄朝日坛具服殿梁架的彩绘

图5-5 朝日坛具服殿内景摄于1924-1927年间

五和九均为阳数，象征太阳；祭坛坛面铺就红色琉璃砖，象征太阳的颜色。坛区坐东朝西，外围筑有院墙，院墙周长约255米，高2.7米。墙的东北和东南两角为圆角，从而形成了东边圆形、西边方形的非规范性正方形平面，象征"天圆地方"的理念。红墙覆绿琉璃瓦的院墙，四面设白石质棂星门，正门朝西，为六柱三门；南北东三面各二柱一门。墙内为内坛，之外为外坛。外坛建有两座天门，北边为北天门，北天门外为礼神路和礼神坊，西边为西天门，西天门外迤南为陪祀斋，宿房五十四间。外坛护坛地一百亩。明代朝日坛的建筑群集中于外坛西、南、北三面。西南有具服殿、陪祀斋宿房等，西门外有燎炉、瘗坎等，西北隅有奉祀衙署。北面有礼神坊、祭器

库、钟楼、遣官房等，祭器库坐北朝南，与乐器库、棕荐库连檐通脊，均面阔三间。皇家建筑群一般均设钟楼和鼓楼，但朝日坛只设钟楼，无鼓楼。因为朝日坛在城东，故设"晨钟"。钟楼朝南，砖木结构，两层楼，红墙绿瓦，内有大钟一口。东北有神库、神厨、宰牲亭、灯库等，为独立院落，坐东朝西，平面方形；神库西向，面阔三间，绿琉璃瓦悬山顶；神厨南向，面阔三间，绿琉璃瓦，悬山顶；宰牲亭在院落北面。

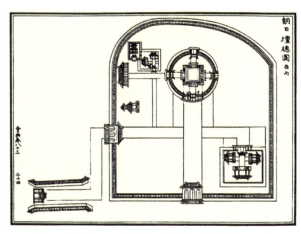

图5-6 明代朝日坛总图上可见具服殿位置在祭坛西南

　　清朝沿袭了明朝的祭祀制度，雍正二年（1724）修筑礼神路两侧垣墙，礼神路改称景升街。并在坛西南地方空阔处修建照壁三座。清乾隆七年（1742）移建具服殿，由原神路南侧改建至北侧（图5-7）。日坛内坛墙原为土墙，照天坛之样式改用砖两面镶砌，以资巩固。外垣墙增高三尺，并增砌大甬路二道。

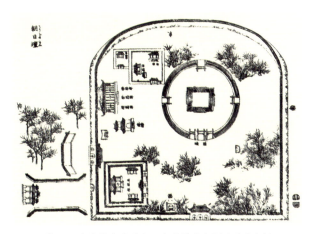

图5-7 清代移建具服殿，由原神路南侧改建至北侧

图 5-8 中和韶乐用琴、麂和瑟

图 5-10 中和韶乐用建鼓

图 5-9 中和韶乐用萧、笛、笙和搏拊

图 5-11 中和韶乐用编钟

另外将祭坛的红琉璃坛面改为方金砖铺地。乾隆二十年（1755）、嘉庆五年（1800）及光绪十三年（1887）都对朝日坛进行了修缮。

　　明清时期的皇家祭祀礼仪被列入立国治人之本，祭日礼仪则是庄严而隆重，凡遇甲、丙、戊、庚、壬年的春分日，皇帝必亲临祭日，其它年份则委派朝臣代为致祭。祭日从卯时开始，所用仪仗礼服一律红色，乾隆皇帝甚至亲自审定祭日所用祭器，礼仪十分隆重。最后一次皇帝祭日是清道光二十三年（1843），自此之后皇帝祭日的礼仪逐渐废弃。护坛官员随之撤除，朝日坛废弃。

图 5-12 民国时期钟楼已破损

图 5-13 民国时期祭坛已荒芜

　　民国二十三年,坛内大部房舍为军队占用,坛内土地出租五十亩,另有二十余亩为天然博物院附属日坛苗圃所占用。该坛外坛坍塌多处,坛上铺的金砖失去大半,坛内外荒草高数尺,钟楼已塌毁。

　　1951 年北京市人民政府将日坛扩建为占地 21 公顷的日坛公园。

　　2006 年 05 月 25 日,日坛作为明清时期古建筑,被国务院批准列入第六批全国重点文物保护单位名单。

图 5-14 1943 年的航拍图上可清晰看到残存的朝日坛垣墙

图 5-15 1958 年航拍图可见日坛公园扩建后周边道路齐整

朝阳门外香火最盛的三座道观

　　元代兴起至清代完善的"东岳庙""九天普化宫"和"慈尊十八狱庙"是朝阳门外三座香火最旺盛的道观。在人们的心目中，九天宫代表着天堂，十八狱庙代表地狱，东岳庙则是地府的审判机关。香客们首先要到东岳庙的东岳大帝及各职能机关——七十六司前将自己过去一年的善恶得失算算帐，之后移步到象征亡灵天堂的九天普化宫祭拜一下天神和先人升天的亡灵。再去趟代表恐怖地狱的慈尊十八狱庙，看看阴森恐怖的地狱，受一番"善恶报应、生死轮回"的教育，这样才算完成了整套进香程序。

敕建东岳庙

　　东岳庙位于朝外大街中部北侧242号，正对神路街，始建于元延祐六年（1319），至今已有700年的历史。是皇家敕赐的官庙，主要祭祀泰山神东岳大帝，后经过明清两朝不断扩建，成为道教正一派在华北地区最大的庙宇。

图 5-16 敕建东岳庙山门

东岳庙的创始人是元代朝廷显赫一时的
玄教大宗师张留孙，其晚年见大都城没有泰
山神东岳大帝的行宫，便自费在齐化门（朝
阳门）外买地拟建东岳庙。不幸大宗师张留
孙未完成东岳庙的修建却先羽化升仙了，而
他的弟子嗣宗师吴全节秉承师志，在朝廷的
认可和资助下继续完成了建造东岳庙的使
命。元至治二年（1322）东岳庙的大殿及大
门落成，次年建了东、西七十六司廊庑及四
子殿，塑了众神像，元英宗亲赐庙名"东岳
仁圣宫"作为东岳大帝的行宫。泰定二年
（1325）鲁国大长公主捐资兴建后殿作为东
岳大帝和帝后的寝宫。天历元年（1328）元
文宗为寝殿赐名"昭德殿"，至此东岳庙的

图 5-17 东岳大帝塑像

主体兴建工程全部完成。元朝末期国家战乱，东岳庙大部分建筑遭受严重的损毁。

明永乐十九年（1421）迁都北京，正统十二年（1447）明英宗重新规划修葺东
岳庙，扩建了前后二殿，于两庑设七十六司和帝妃行宫，前殿赐名"岱岳"，供奉
东岳泰山神，后殿赐名"育德"，为东岳大帝及淑明坤德帝后的神寝。改庙名为"东
岳庙"。嘉靖三十九年（1560）乾清宫太监出资整修庙宇，将大殿、后宫、东西配
殿廊庑各殿及神像、祭器整饬一新。建影壁一座，摒除亵秽；在东廊开凿水井，以
济行人之渴；续建庙前东西房十九间交与东岳庙道士收管。隆庆三年（1569）京都
众善士捐资重修东岳大帝、七十六司等神。万历三年（1575）神宗的生母李太后带
领神宗、潞王、公主及诸宫御中贵捐资重修东岳庙，建钟楼和鼓楼，将后临街房三间，
畦地三千余个俱与东岳庙住持。万历十三年（1585）李太后诚献岱宗宝殿前大香炉，
并更换了七十六司前所有的香炉。万历二十年（1592）神宗下令整饬东岳庙，在寝
殿左右加筑了配殿，添建了后罩楼，兴建庙门前的东西两座过街彩绘木碑楼，额曰"宏
仁锡福""灵岳崇祠"。万历三十五年（1607）内宫太监们添建东岳庙山门对面的
琉璃牌坊，南北额曰"秩祀岱宗""永延帝祚"。此时，东岳庙的中路部分已经具

图 5-18 民国时期东岳庙鸟瞰图

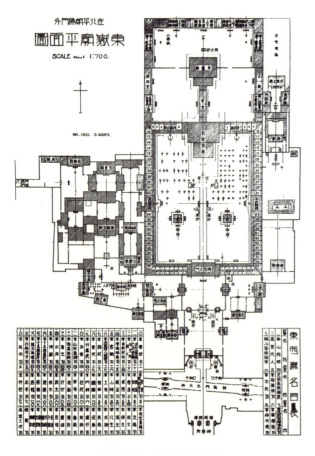

图 5-19 东岳庙中院布局图

备了现有的格局。其正院殿宇工程基本完成。

东岳庙清代进行了多次修缮和改建，康熙三十七年（1698）因居民不慎而失火，次年圣祖动用广善库金重修于康熙四十一年（1702）六月完工。清乾隆二十五年（1760）对庙内瓦件和油漆彩画进行全面修整。清道光十六年（1836），东岳庙第十七代道士马宜麟出资修建东廊的春秋殿，将东廊与中院打通。重修西廊的殿宇，还在东岳庙内创办了义学，收容家境贫寒的子弟入学。至此，东岳庙的基本格局已经具备。清末光绪二十六年即庚子事变，八国联军侵入京城，日本军队进驻东岳庙，设置战地医院，东岳庙损毁严重。

1900 年，京东义和团在庙内江东之殿前设坛习武。民国初年，军阀混战，东岳庙屡遭庙内驻军的骚扰。时局跌宕，民生凋敝，香火供给不继，渐趋衰落，仅靠出租房屋维持日常用度。

东岳庙历史最盛时期占地 71 亩，4 万余平方米，共有楼殿房三百余间，庙内神像一千三百一十六尊，石碑一百三十七通，石狮一对，旗杆六根，松槐树一百二十棵，砖燎炉两座。木牌坊两座，琉璃牌坊一座。其建筑集中体现了元、明、清三代的古建风格。以中路正院主体建筑为轴线，跨院均匀、规整对称地分布在两侧，形成相对独立有相互连通的院落。

东岳庙的山门为三洞式，分别象征着天神、地祇、人鬼"三界"步入山门就是跳出"三界"了。元代山门石匾上刻有"东岳庙"，明代东岳庙列入国家祭祀体系后改为"敕建东岳庙"，元代的石匾就挪到山门背面。据传东岳庙原来还有一座山门，远在正对东岳庙南面的通惠河边。

图 5-20 1915 年拍摄的东岳庙三洞式山门

东岳庙庙门内的西侧是钟楼，匾文"鲸音"，相传龙子"蒲劳"惧怕鲸鱼，遇到鲸鱼的袭击就会大喊大叫，于是人们将钟鼻钮铸成"蒲劳"的样子，钟杵做成鲸鱼的形状，撞击发出的声音特别嘹亮，"鲸音"就代表钟楼。东侧是鼓楼，匾文"鼍音"，鼍（tuó）就是扬子鳄，俗称"猪龙婆"，用它的皮制鼓其鼓声洪亮，能传很远，"鼍音"则代表鼓楼。古时每天东岳庙开闭庙门时都由庙役击鼓撞钟，朝外大街一带的商铺也都伴随着东岳庙的钟鼓声开店、打烊。

图 5-21 二十世纪七十年代的东岳庙山门

东岳庙的第二道门是棂星门。棂星即古代天文学之"文星"，以此命名，表示天下文人学士集学于此。棂星门即是天门。古代的宫室、坛庙祭祀建筑等都设有棂星门。

瞻岱门，为庙内第一重殿堂，面阔五间，明间、次间三间为穿堂，左右两梢间内前有道教护法神哼哈二将塑像，后有十太保塑像。瞻岱门内两侧有槐树一株，据说已有800多年历史，人称"寿槐"。瞻岱门左右及向北的两侧有环廊回庑，共72间，代表东岳大帝掌管下的地狱七十六司。每间门楣上均悬挂所敬神司横匾，两侧柱上贴有楹联，殿内塑像造型生动，形神兼备。原地狱七十六法司每司

图 5-22 棂星门前的香客

图 5-23 瞻岱门左右及北侧的环廊

供神像一尊，后又增建四司，故共有76尊神像，但早已不存。现在的泥塑为1995年重建时据东岳庙最后一位道士傅洞奎回忆，由"泥人张"的传人重塑。

进瞻岱门是一条长60米、高近1米的御道，直通岱宗宝殿，称为"福路"。福路两侧各设碑亭一座，东侧为康熙四十三年（1704）康熙帝御题《东岳庙碑文》碑，西侧为乾隆二十六年（1761）乾隆帝御题《东岳庙重修落成碑记》碑，皆为满汉合璧。东侧碑楼前置铜特，西侧碑楼前置玉马，相传是文昌帝君的坐骑，皆为现代仿制，铜特原物现存于白云观。

岱宗宝殿坐落于长25米、宽19米的台基之上，是东岳庙的主殿，正面檐下悬挂华带匾"岱岳殿"，四周雕饰蟠龙，包有金叶。大殿前建有月台，摆放铜香炉，月台前东西两侧有焚帛炉。殿内供奉东岳大帝及其侍臣，现神像为1995年"泥人张"传人重塑。大殿两侧有东西朵殿各三间，其中东朵殿供奉三茅真君塑像；西朵殿供奉统领三山正神炳灵公塑像（东岳大帝第三子）。东配殿为阜财殿，西配殿为广嗣殿。

图 5-24 乾隆帝御题《东岳庙重修落成碑记》碑

图 5-25 民国时期东岳庙中轴路东岳宝殿

岱宗宝殿之后为寝宫，两座殿宇之间以一穿堂相连接，整体格局如"工"字。寝宫名育德殿，殿内悬挂清代道士娄近垣所书的"玄妙赞化"匾，原供奉东岳大帝和淑明坤德帝后的神像。寝宫东西配殿各三间，称为四子殿，殿内供奉东岳大帝之四子，即长子佑灵侯、次子惠灵侯、四子静鉴法师、五子宣灵侯。

中路正院后部是后罩楼，二层，前出廊，三面环抱共七十四楹，原为玉皇阁、碧霞元君殿、斗姆殿、大仙爷殿、关帝殿、灶君殿、文昌帝君殿、喜神殿、灵官殿、真武殿等。西边楼下有三间御座房，清末专供皇帝来庙祭典或往东陵时休憩使用。

图 5-26 东岳庙岱宗宝殿

　　东跨院原有伏魔大帝殿、江东殿、春秋殿、仓神殿等，其大部分为花园。二十世纪五十年代东跨院建筑曾作为学校校舍使用，学校迁出后。根据历史上东院举办义学的传统，建立了东岳书院。西跨院原由供奉各路神祇及行业祖师的殿宇组成，包括东岳宝殿（祠堂）、玉皇殿、三皇殿、药王殿、显化殿、马王殿、妙峰山娘娘殿、鲁班殿、三官殿、瘟神殿、阎罗殿以及判官殿等，其殿宇规模都不大，多为民间人士或团体出资修建而成。两跨院建筑曾被改为居宅。

　　东岳庙还因其有三多四绝特色著称于世。一是神像多，在东岳庙内共有神像三千多尊。其人物形态各异，生动逼真，尤其是象征人们理想中"太虚幻境"的七十六法司更是雕像中的精品，故有"东岳庙神像甲天下"之说。

图 5-27 东岳庙内的神像　　　　　　　图 5-28、29 地狱七十六法司内的塑像

第二是碑刻多，历史上，东岳庙的碑刻最多时达140余通，数目之多首冠京城。二十世纪六十年代，庙内碑刻遭到严重破坏，大部分被推倒砸碎，纹饰被凿毁。石碑推倒深埋地下，中路神道两侧填上了近一米深的渣土。1995年底，朝阳区文化文物局接管东岳庙时，树立在院内的石碑仅存18通。1997年底，石碑修复工程开始，历时一年，基本按原址进行了归位，中路正院共有石碑89通，全为元、明、清三代的遗物，具有较高的艺术和史料价值。其中最著名的是赵孟𫖯的行书《张天师神道碑》（俗称《道教碑》），风格古朴遒劲，为元代书法艺术的珍品。

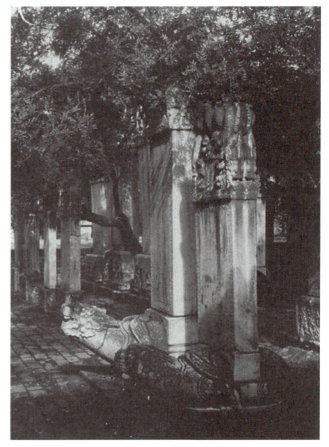

图 5-30 东岳庙碑林

图 5-31 文物工作者挖掘东岳庙石碑的现场

图 5-32 东岳庙石碑正在修复

图 5-33 东岳庙楹联

第三是楹联多，在东岳庙的大多数
殿堂前都挂有白底黑字、小篆字体的楹
联，内容多为对各殿神司职能的诠释和
对人们的劝诫，发人深省。目前，正院
各殿堂前的楹联均已恢复，文字由当代
知名书法家书写。

京城老百姓口口相传的："机灵鬼
儿，透亮碑儿，小金豆子，不吃亏儿"，
都在这里，作为东岳庙的"四绝"，常
常让京城的男女老幼流连忘返，在庙里
四处寻觅躲在石碑上的两个"机灵鬼儿"
小道童；能够看得见碑后面的人的"透
亮碑儿"；一块闪闪发光洒满"小金豆子"
的青白石和永远也找不到的刻满顽皮的
"不吃亏儿"猴子的石碑碑座。

图 5-34 "机灵鬼儿"在这里

图 5-35 "透亮碑儿"是这样的

　　东岳庙最为热闹的时候就是庙会了，庙会是由宗教节日所进行的酬神、娱神、求神、娱乐、游冶、集市等活动形成的群众集会，是我国传统的民族节日的形式之一。东岳庙的庙会历史悠久，雏形于元、形成于明、鼎盛于清，是北京最早的庙会之一。每年的三月二十八日东岳大帝诞辰，元代朝廷都会举行盛大的祭祀活动，届时都城的黎民百姓蜂拥而至，盛况空前。明清时期，庙会继续发展，形成集信仰、集市、娱乐于一身的多内涵型庙会。

　　庙会会期为东岳大帝诞辰日前的农历三月十五至诞辰日三月二十八日、农历大年初一至十五和每月朔望（初一），年年如此。庙会承载了信仰崇拜和文化娱乐功能及贸易功能，与城市经济文化生活密切联系，形成规模盛大的庙市。至民国初时仍具有相当大的规模。1937 年日本侵略者侵占北京，时世动乱，民不聊生，东岳庙

图 5-36 东岳庙庙会

庙会也逐渐衰败。民国后期庙宇失修，庙内建筑已经破败不堪。中华人民共和国成立后，朝阳区公安分局和北京市国家安全三局相继进驻东岳庙，东岳庙做为办公区域，不对外开放。

1957 年 10 月 28 日，经市人民委员会公布东岳庙为北京市第一批古建文物保护单位。1988 年因拓宽朝外大街，东岳庙山门被拆除，山门拆除后，东岳庙的第二道门"棂星门"即作为东岳庙的正门。钟楼和鼓楼就在庙门外广场了，此时庙内已是荒凉破败、百孔千疮了。1995 年庙内所驻单位搬迁出东岳庙，由朝阳区政府出资进行古建修缮。1997 年 6 月，北京东岳庙管理处暨北京民俗博物馆正式成立。1999 年春节正式对外开放。2004 年 6 月，中国民俗学会在东岳庙挂牌办公。2008 年，东岳庙中路神像区被辟为宗教活动场所，正一派道士进驻，举行宗教法事活动。

图 5-37 东岳庙庙会

敕建九天普化宫

东岳庙东侧 227 号的九天普
化宫始建于明朝的万历年间，其
山门与东岳庙山门相似只略小一
些，山门匾书"敕建九天宫"，
主祀道教"九天应元雷声普化天
尊"即"雷祖"。"雷祖"是总
管雷霆的都府，执掌五雷（天雷、
地雷、水雷、神雷、社雷），为
道教雷部诸神中的最高天神，该
庙原属私建；清顺治四年（1647）
被皇帝封为"敕建九天普化宫"。

清代，每逢农历六月二十四
日是雷祖诞辰日，朝廷都会派官
员来此进行祭祀，举行盛大的仪
式，由道士诵读《玉枢宝经》以
对雷祖虔诚的祝寿。此外，每月
的初一和十五日，九天普化宫也
有盛大的庙会活动，与邻近的东
岳庙庙会连在一起，百姓们兴奋
的穿梭在庙会市集之间，场面相
当热闹。

图 5-38 九天宫内主祀明代真武大帝铜像

九天普化宫占地十八亩二分七厘，宫内有北海天王殿、雷祖殿等大小殿宇五十
多间，殿内悬塑正中是九天应元雷声普化天尊，殿前供奉数吨重的明代真武大帝铜
像，铜像体量高大，法相庄严，铸造精湛。另有正德年间铜钟一座。殿两侧供奉雷公、
电母等神像有 72 尊，其中木雕像十一尊，余 60 多尊均为泥塑像。九天宫内的泥塑
像神态逼真，是道教艺术精品，与北海小西天、广安门内善果寺的泥塑像同称"北
京泥塑三绝"。

九天普化宫内还有一处道教艺术珍品，就是九天普化宫雷祖殿的悬塑。据东岳庙的老道士回忆，雷祖殿的悬山塑，分上下两层，依墙而上，气势弘伟，相传皆仿照唐代著名雕塑家杨惠的雕塑法，堪称京城一绝。悬塑展现了天宫的仙境，云间有天梯，天尊和诸神站在九天之上俯视人间。在民国时期（1935）由马芷庠编著，张恨水审定的《北平旅行指南》一书中介绍九天宫"在朝阳门外东岳庙之东数武，敕建九天宫庙宇甚古。相传其建筑，尚在东岳庙之先。庙内有雷公电母之像。正殿有悬山两层，神像奇异，四臂四目者，称为天将。均仿唐杨惠之塑法，塑工精绝。中供真武像，悬山正中，有九天应元雷声普化天尊神像。"可见当年九天普化宫的铜像、泥塑和悬塑是多么的精美，吸引了众多的香客和旅行者。

图 5-39 九天宫内雷神的塑像

九天普化宫庙内有大小榆树、槐树、松树四十五株。殿

图 5-40 雷祖殿的悬山塑

前东西两侧各立石碑一通，东侧为清顺治四年（1647）由民间香会组织"九天圣会"捐立的《敕修九天普化宫记》碑；基座已被新修的月台掩于地下，碑身多有破损但总体尚完好。西侧为2004年8月出土的清顺治五年（1648）《御制玉枢宝经》刻经碑。

民国后期，九天普化宫的香火逐渐衰落，大部分房屋租给劳工、小贩。到了四十年代，九天普化宫房屋年久失修，破败不堪，许多无家可归的贫民滞留在此。1949年后，九天普化宫曾被多个单位及私人住宅占用，损坏更加严重。二十世纪五十年代，大殿内重达5吨的明代真武大帝铸铜像被砸成碎片，在准备熔化时被文物部门及时制止，铜像虽然没进熔炉，铜像残片却不知去向。1988年扩建朝外大街，拆除了东岳庙和九天普化宫的山门。如今九天普化宫仅存重新修复的大殿一座，并将施工时出土的两座石碑重立殿前。

1986年朝阳区政府将九天普化宫列入区级文物保护单位。

图 5-41 《御制玉枢宝经》刻经碑

图 5-42 现存修复后的九天宫大殿

慈尊十八狱庙

慈尊十八狱庙位于朝外大街南侧 130 号，九天普化宫对面，修建于清代雍正年间，与东岳庙和九天宫隔街相望。是朝外大街上三座道观中修建最晚，占地面积最小的庙宇，却是塑像最多的。庙内主要祭祀十八阎罗，是十殿阎君为了惩治在阳世的恶者，而设置的十八层地狱。据《1928 年北平特别市政府寺庙登记》中记载："慈尊十八狱庙属私庙，不动产土地八亩七分六厘，房屋一百一十六间半。庙内有神像三百九十八尊，其中菩萨像八十六尊、配像三百一十二尊；礼器九十五件，法器十二件，供桌三十张，另有石碑十九通，松槐树八棵，砖燎炉两座，水井一口。"

慈尊十八狱庙坐南朝北，其山门与东岳庙和九天宫的山门不一样，很像北海公园九龙壁后面的真谛门，面阔三间。

一进山门就是阎王殿，殿内的阎王、判官、牛头、马面、小鬼等塑像个个呲牙咧嘴，面目狰狞，让人心惊肉跳。后院殿内则是十八层地狱，殿里面的塑像更是直观的表现世人如果在阳间做了什么样的坏事，死后就会到十八层地狱接受什么样的刑罚。这里的刑罚多种多样，有的被头朝下吊起来的、有的被割掉了舌头、有的被挖出肠子、有的扔上刀山、有的推下火海、有的下了油锅、有的扒火柱、有的烙火坑、

图 5-43、44、45 为判官、牛头、马面的塑像，该组图片为民国时期拍摄，
不能确认是朝外慈尊十八狱庙内的塑像，但其塑像内容相同，仅做参考

图 5-46～49 十八层地狱的各种刑罚塑像，该组图片为民国时期拍摄，
不能确认是朝外慈尊十八狱庙内的塑像，但其塑像内容相同，仅做参考

　　有的被磨成肉酱、有的被锯成两半、有的被扒了皮和挖心，还有孟婆舍汤、目莲救母、转轮城等典故的塑像，完整地营造了冥界的森严景象。让人看了都会心惊胆颤，心生畏惧，以此达到教育观者弃恶从善，生前不要做坏事的目的。

　　这座道观里的塑像因为形象直观恐怖，胆小的成人和孩子不敢观看，民国时期就很少对公众开放了，因此也是最吸引人的地方。

　　1950 年 4 月，慈尊十八狱庙受到西边的辅华矿药厂爆炸事件的波及，使原本已经破败的庙宇建筑损毁更加严重，于 1955 年拆除，在原慈尊十八狱庙的位置上修建了朝阳区工人俱乐部，如今工人俱乐部已迁往他处，此地现已建成繁华的商业大厦。

朝外地区有文字记录的道教庙观

据《1928年北平特别市政府寺庙登记》和《1936年北平市政府第一次寺庙总登记》的记录，朝外地区除了香火最旺盛的三座道观外，明清时期先后修建了十多座道教的观、宫、庙宇登记在册，在这两个多平方公里的地界上，这么多的道观祭拜场所传播着中国古老的道教文化，滋养着民众传统的"道"与"德"的观念，教化百姓"善"与"恶"的轮回。

敕建天仙护国佑圣延寿宫

敕建天仙护国佑圣延寿宫原为"天仙真武庙"，位于朝外大街北侧东岳庙以西的290号，寺庙山门正对着路南景升街的牌楼。该庙始建年代不详，与其它道观不同的是供奉了天仙娘娘和真武大帝两位主神，当年香火十分旺盛。

天仙真武庙于明朝天启年间，由皇宫里的多位太监联名，以天仙娘娘是观音转世，主管生杀大权，拥有扬善惩恶的权利为由，策划将"天仙真武庙"改为"敕建天仙护国佑圣延寿宫"。最终提案获得明熹宗朱由校的决策批准，将该"庙"升格为"宫"，封为"敕建"，纳入皇家祭祀道观，并对原"天仙真武庙"的建筑进行了修缮和扩建。"赐进士出身、光禄大夫、左柱国、少师兼太子太师、吏部尚书、建极殿大学士、知经筵日讲、制诰、奉诏特起食禄、玉牒总裁官、福清叶向高"于明朝天启三年（1623）撰写了《增修敕赐天仙护国佑圣延寿宫碑记》和《增修延寿宫记》。碑文记载了扩建的"敕建天仙护国佑圣延寿宫"建筑格局："门楹凡三，门以内东西为钟鼓楼，进为真庆门，前后正殿各若楹，前奉天

图 5-50 1919年景升街牌楼对面的天仙真武庙

图 5-51 天仙真武庙里供奉的娘娘塑像

仙，后奉真武""左右又各有堂，左静默，右藏经厨库"。碑文描述的"敕建天仙护国佑圣延寿宫"为三进院落。第一进院落正门为"真庆门"，正殿供奉天仙娘娘，前殿还奉有三尊深受人们喜爱的催生娘娘、送子娘娘和眼光娘娘木雕女神像。东、西配殿各供两尊木雕女神像和泥胎神像四十二尊。院内东西两侧分别为钟楼和鼓楼。第二进院落，正殿供奉真武大帝，东配殿为灵官，西配殿为财神。第三进院落，正面为二层楼，楼内供奉老夫妇二人，传说是真武大帝的父母之像，院内左右有配殿，左为默然殿，右为藏经楼。可见当年天仙宫的布局完整规模不小。不知从何时开始人们认为天仙娘娘就是东岳大帝的女儿碧霞元君，是保生益算、延绵子嗣、消除灾难的全神，身旁还有催生娘娘、送子娘娘和眼光娘娘三位助理，这样的阵势必能满足香客们求子、求财、求平安的愿望，故香火更旺。

清代的天仙宫为东岳庙的下院。由东岳庙派遣住持，主办宗教活动和庙宇修缮，清末至民国时期随着清政府官祀庙宇待遇的结束、战乱频发、社会动荡、经济衰落，香火渐弱，庙堂或租或毁，钟楼和鼓楼不知何时消失了。

天仙宫在二十世纪五十年代曾为职工业余学校占用，后为朝阳区文物保护单位，二十世纪八十年代初，天仙宫仅存山门、前后

图 5-52 拍摄于二十世纪六十年代的天仙真武庙的庙门

图 5-53 矗立在元大都遗址公园的石碑
《增修敕赐天仙护国佑圣延寿宫碑记》

大殿、东西配殿及石碑两通，庙内房屋已成为居民住宅。后因扩建朝外大街和修建吉市口东路将此庙拆除。

如今，明朝天启三年（1623）立的《增修敕赐天仙护国佑圣延寿宫碑记》和《增修延寿宫记》两通石碑已于 2003 年移至元大都城垣遗址公园内存放，立于公园北土城河最东端以南的位置。而原山门上的"敕建天仙护国佑圣延寿宫"石匾则存放在北顶娘娘庙内。

三圣祠、七圣祠

朝外地区有三座道教三圣祠，一座位于朝阳门外吉市口内路东 25 号，建于清同治三年（1864），属公建。占地面积 5 平方米，庙内有三圣塑像三尊。

第二座位于吉市口胡同 50 号，建于咸丰年间，占地面积 133 平方米左右。正殿一间，土房一间，庙内有泥塑龙王、财神、土地泥神像三尊。

第三座位于朝阳门外草厂 27 号，建于清光绪元年（1875），占地面积约 50 平方米，庙房一间，庙内有泥塑的关帝像一尊、龙王像一尊，财神像一尊、马童泥像一尊。这三座三圣祠已于民国时期圮废。

七圣祠位于朝阳门外北大院路北 1 号，建于清同治十年（1871），属募建公产庙。面积 420 平方米，房屋十三间。庙内泥像十三尊，民国后期改为民居。

图 5-54 寺庙中的神像与香客

关帝庙

朝外地区有三座关帝庙，一座位于朝阳门外大街西段路南 31 号，建于明成化年间，本庙面积约八分余，房屋十四间，庙内有泥像十七尊。

第二座关帝庙位于朝阳门外吉市口六条胡同内 19 号，建于明代，清道光年间重建，占地面积约 930 平方米，房殿二十二间半。庙内有关帝泥像一尊，药圣泥像一尊，吴祖泥像一尊，火神泥像一尊，药王泥像一尊，仓神泥像一尊，吕祖泥像一尊。

第三座关帝庙位于朝阳门外南营房六甲胡同 16 号，建于清乾隆年间，咸丰年间重修，属合村公建，面积二分九，有房三间。庙内有泥塑神像十尊，泥塑马像一匹。1958 年文物普查庙内有石碑一通。

三座关帝庙在《1928 年北平特别市政府寺庙登记》和《1936 年北平市政府第一次寺庙总登记》中均有记载，民国后期改为民居。

真武庙和头道行宫

真武庙坐落在朝阳门外朝外大街东部路南 65 号，修建于明万历十八年（1590），坐东朝西，占地面积两亩余，有房屋二十五间。其中大殿三间，进深二间勾连搭，前大式硬山筒瓦调大脊，吻垂兽。后大式悬山筒瓦卷棚，庙内有神像六十七尊，石狮子两个。在《1928 年北平特别市政府寺庙登记》和 1958 年的文物普查中均有记载，后改为民居。

头道行宫位于朝外大街 167 号，建于明成化年间，占地面积二分五厘，房屋八间。庙内有泥质娘娘像十五尊。民国末期改为民居。

地母庙、土地庙和土地祠

地母庙坐落在朝阳门外杨家胡同内 15 号，建于明代，民国十二年重修。本庙占地面积一亩，房屋七间，庙内神像五十尊。在《1958 年文物普查档案》中记载该庙北向，有山门一间，正殿五间，东西配殿各三间，香亭一座。附属文物有泥塑增福增寿像一尊，明代木制漆金菩萨像一尊，大清爷像一尊，五母奶奶泥塑像一尊，这座地母庙于 2004 年底拆除。

土地庙也称双夫人土地庙，位于东大桥路 1 号，建于同治三年五月，属募建。本庙面积约二亩，房六间。庙内有神像七尊。

土地祠坐落于朝阳门外太平巷 1 号，建于清同治年间，占地面积约 1.5 亩，南房一间。殿内有土地爷及土地奶奶像两尊。

土地庙和土地祠早于民国后期衰败，再无文字记载。

朝外地区的佛教寺院

朝外地区历史上建有藏传佛教喇嘛寺三座，佛教寺院和庵堂十多座，分别坐落在神路街两侧，朝外大街两侧，吉市口地区及下坡地区。

在朝阳门外朝外大街南侧有藏传佛教的喇嘛寺三座，即三宝寺、净住寺和三佛寺。

图 5-55 1917-1919 年从景升街残墙豁口处向西，可见朝阳门城楼、箭楼及三座喇嘛寺

三宝寺

　　三宝寺是一座藏传佛教的喇嘛寺，位于朝外大街南侧，藏传佛教分有黄教、红教、白教和花教等派系，三宝寺因属藏传佛教的黄教，周边百姓称该寺为黄庙。三宝寺西边的胡同称为喇嘛寺胡同，东边的胡同就称黄庙胡同，其实同是一座寺庙的两种称呼。

　　三宝寺有三进院落，首进是天王殿，二进是大宝殿，殿中供奉三大士像，其旁供奉长寿佛，两边供奉八大菩萨，左右各四尊，前殿有金刚佛各一尊，东西配殿各三楹，东配殿供药师佛，西配殿供长寿佛；后进院殿中供奉威德金刚，东侧旁供地狱王，西侧

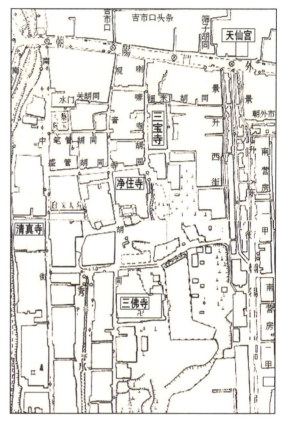

图 5-56 在五十年代测绘图上标注三座喇嘛寺位置

旁供长寿佛，长寿佛之东供五方佛，之西供宗喀巴祖师及其大弟子甲萨、二弟子开主。

　　三宝寺始建年代无考，于清乾隆二年（1737）初修，民国八年（1919）重修，民国二十二年（1933）又补修。额定喇嘛十八名常驻寺内。

　　二十世纪五十年代寺内不再进行宗教活动，寺中喇嘛撤走后，拆除了佛像改为黄庙小学，该寺建筑于二十世纪九十年代拆除，现已建成丰联广场。

净住寺

　　净住寺位于朝阳门外净住寺胡同 5 号，是一座藏传佛教的喇嘛寺，建于清顺治二年（1645），坐东朝西，康熙六十年（1721）重修，后殿供奉无量寿佛像，恭祝圣母鸿釐，特赐御书寺额。乾隆时翻修，《北京市志稿（八）》中有记载："净住

寺在朝阳门东郭迤南。因明故刹别加缮葺而创构。康熙六十年外藩蒙古王、公、台吉等范无量寿佛像供奉后殿，恭祝圣母鸿釐，特赐御书寺额。日久颓圮。乾隆时，章嘉国师重牒里藩院以闻，命出内帑金斥而新之。自乾隆丁亥一月即工，其年十有一月毕工。寺有碑一，为乾隆三十二年（1767）岁在丁亥仲冬月御笔。寺宇各处现多圮坏，额定喇嘛二十五人。"民国时期已废弃改为民居。

1958 年文物普查时该寺仅存破旧殿房三间为居民使用，现为悠唐购物中心大厦的所在地。

三佛寺

三佛寺在观音寺胡同南口，位于净住寺的南面，坐东朝西，始建年代无考，在《北京市志稿（八）》中记载："三佛寺朝阳门外观音寺胡同南口路东之东森里。寺旧共四进。年久失修，多已颓废。三进圮为平地，二进仅余殿柱，惟山门及四进尚存。寺内喇嘛额定十二名。"民国时期废弃改为茶馆。自民国时期逐渐改为民居。

海会寺

海会寺位于神路街中部路西 4 号，南营房东侧，寺庙坐北朝南，正门开在南营房中横街处，东侧门开在神路街路西。该寺建于明永乐年间，清乾隆年间重修，属募建。占地面积约十六亩余，房屋七十七间；附属塔院坟地一亩余，附属房屋十三间与庙毗连。庙内有佛像十六尊，菩萨像一尊，四大天王四尊，监斋菩萨一尊，日晷一座，石碑一通，树木二十余棵。

有碑文记载：海会寺每逢初一、十五，崇文门外卧佛寺僧侣发起，内外城许多寺庙住持参加，同祷佛号，信众达万余人，20 余年经久不衰。

据传光绪二年（1876）春，著名的杨乃武与小白菜冤案发生后，同年十二月初九日刑部大审，三年多的冤案真相大白。对葛品连进行开棺验尸的地方就在朝阳门外海会寺，海会寺也因此传说更增名气。

1946 年左右的一段时间，海会寺东配殿里曾设立过学堂，1949 年后北京第十区政府在这里办公，之后改为朝阳区政府办公所在地。

图 5-57 1943 年俯瞰朝外大街东段及神路街北侧的寺庙

弥勒院

弥勒院位于朝外大街路南 122 号，神路街琉璃牌楼东侧，建于明万历十七年（1589）二月，在《1928 年北平特别市政府寺庙登记》中记载该寺院占地面积七亩二分，与东侧的十八狱庙面积差不多，房屋六十三间。该寺院除供佛及寺内和尚自住外，余房出租。寺内有泥像二十四尊，木像二十尊。

弥勒院的文字记录很少，寺院的院落很大，南门开在碑楼胡同内，位于东岳庙和海会寺两大寺庙之间的弥勒院，民国时期香火已不旺盛，大部分寺产房屋出租了。1950 年 6 月 14 日下午 5 点 30 分两声巨响，位于弥勒院的辅华矿药厂发生爆炸事件，震惊北京城，当时神路街一带受灾严重，房屋倒塌人员伤亡。弥勒院位于重灾区域中心，寺庙几乎夷为平地。有当地的老年人说辅华矿药厂的厂房就是弥勒院的庙产房，位于原弥勒院内。灾后该地区重建，弥勒院不复存在了，在弥勒院原址处建成农民服务所和民居。

吉香庵

吉香庵明代为净意庵，俗称皇姑庵，位于朝日坛东北皇姑庵 2 号，该地也称南菜园子，距朝日坛东垣墙大约 200 米，该寺院始建年代无考，明万历二十七年（1599）和清光绪二十三年（1897）进行过重修。

民国前期有文字记载：寺院坐北朝南面积 1.4 亩，瓦房 6 间，灰房 2 间，有三间山门殿，正殿泥像 3 尊，东殿泥像 9 尊，殿后悬康熙御笔书额曰"舍宅一钱"。两进院落比较小但很完整，院内元代古柏两株，夹植于两通石碑之侧，其余树木 15 株。左有燎炉，亭形铁制，身范莲花，三足作狮形，承以石盘。正殿有铁香炉，炉身铸有：崇祯、道光年制各一个，咸丰年制两个，康熙年制一个，无年月可考的香炉两个，共七个。庵东部为墓地，也称塔院，有砖石塔五座，庇以松柏四十五株。太虚禅师塔居中，为明万历庚申年（1620）重造，多作梵字为饰，为方型砖塔。其

图 5-58　由西德尼·甘博 1917—1919 年拍摄的塔院

图 5-59、60、61　由西德尼·甘博 1917—1919 年拍照的照片上不同角度的四座塔

左净意庵第二代堂上督事性公禅师，明崇祯十年（1637）造。其右第二代冠带住持悟公白云禅师，明天启元年（1621）造。其后背月禅师寿塔，其前第三代寿峰禅师塔，均为崇祯九年（1636）造，余四座为圆型实心灰砖塔。

1917 年西德尼·甘博在拍摄照片时可见还有四座塔，二十世纪四十年代末仅剩三座。庵内一直有尼姑居住，不对外开放。1949 年后这些尼姑都还俗了。

1951 年修建日坛公园时寺院和塔院均被拆除，从此皇姑庵彻底消失。

西方庵

位于朝阳门外神路街后街 13 号，建于光绪十六年（1890），坐北朝南，两进院落。在《1928 年北平特别市政府寺庙登记》中记载："面积 4 亩，房 14 间，附属土地 50 亩。泥像 40 尊。"民国后期败落，成为居民小院，二十世纪六十年代该地建设朝鲜大使馆时被拆除。

图 5-62　从 1958 年航拍图上还可看见日坛公园东北角原皇姑庵的遗迹

普济寺（普济禅林寺）

普济寺又称普济禅寺，位于朝外大街北侧东岳庙与天仙宫之间的 285 号，始建年代无考，在《1928 年北平特别市政府寺庙登记》记载：建立三百余年，清乾隆五十四年（1789）募捐重修。如从乾隆五十四年（1789）往前推算三百余年，该寺应是明成化年间建立的。如果从 1928 年推算，大概建于明天启年间，为供奉观音的主刹。

本寺占地面积三余亩，坐北朝南，四合式二进院，山门为一间大式箍头脊卷棚顶筒瓦垂兽障日板壶门，门前有抱鼓石一对。二门是一间大式悬山箍头脊卷棚筒瓦垂兽，带垂柱，花牙子，苏式彩画。正殿为三间大式调大脊硬山，吻垂兽，筒瓦。东西耳房各一间，东西配殿各三间，后殿为五间，吞廊三间，东西配各三间，寺内供奉木泥铜佛神像共四十一尊。附属文物有光绪年立木匾，上书"威灵普被"。

1958 年文物考察时此寺已陈旧，但格局尚存。为朝阳区佛教协会和朝阳体委办公使用。随着城市道路建设，朝外大街北扩时拆除。

北海会寺

北海会寺位于朝阳门外大街琉璃牌坊西侧 101 号，始建于明万历十七年（1589）。木庙占地面积四亩五分，灰瓦房三十二间；附属土地六亩，与庙基毗连，灰土房三十二间。该寺除供佛及和尚居住外，余房出租，以资烧香生活。庙内法物有木像三尊，泥像五十尊，另有石碑一通。民国后期已成为民居，随城市建设发展该寺原址已建为昆泰国际大厦。

图 5-63 佛教寺内的塑像

广济庵（广济禅林寺）

　　广济庵位于朝阳门外大街东部路南 162 号，始建于明成化年间。本庙占地面积约五亩余，前殿三间，正殿三间，东西配殿各三间，瓦灰房二十八间。庙内有泥质佛像十四尊，另有槐树九棵。

　　据传广济庵是智化寺"京音乐"流布的寺庙之一，智化寺"京音乐"来源于明代宫廷礼仪音乐，是我国现有古乐中唯一按代传袭的乐种。

　　寺院二十世纪五十年代就成为为东大桥小学校舍，部分成为民居和商铺，现在的蓝岛大厦就在原广济庵的位置，据说大厦西北侧的古槐就是原庵内的槐树，至今郁郁葱葱。

观音寺

　　观音寺坐落在朝阳门外吉市口七条胡同 3 号，建于明成化年间，属公建古刹。该寺面积约二亩，佛殿十一间，瓦房六间，灰棚九间。历年作施放贫民粥厂使用。寺内有铜质三大士佛像三尊，泥观音像一尊，罗汉像十八尊，石碑三通，分别记录了该寺于明嘉靖二十七年（1548）、清代顺治年间和民国九年（1920）都曾经进行过重修。

　　设在观音寺的粥厂曾发挥很大作用。1918 年、1919 年两年，朝阳门外观音寺粥厂接济了领粥者共有 38 万人次。

　　1996 年朝阳区文物管理所印制的《朝阳区文物概况材料》介绍，观音寺曾存破旧大殿六间，西耳房

图 5-64 信众敬香

两间，后为朝外大街房管所使用。山门面宽 2.8 米，厚 1.5 米，正殿面宽 14 米，高 8 米，进深 6 米，东西殿面宽 11 米，1984 年 3 月公布为文物暂保单位。1995 年吉市口危房改造时被拆。大殿的柁木檩件和明清砖瓦至今仍存于北京市文物局库房之中。

图 5-65 民国时期寺内进香的妇女

弥陀寺

　　弥陀寺位于吉市口七条胡同 23 号，始建于明代，道光二十八年（1848）重修，寺院占地面积约 625 平方米，房屋九间；寺院后附属土地面积合二亩四分六厘。寺内内有铜、磁佛像十六尊，泥佛像三十三尊，石碑一通，寺院房屋后为民居。

般若寺

　　般若寺位于吉市口东的下四条胡同 45 号，建于明代，清光绪年间重修。寺院占地面积五亩余，房屋三间。寺内有泥塑弥勒佛一尊，泥塑药王一尊，泥塑财神一尊。寺院房屋后为民居。

延寿院

　　延寿院位于吉市口东的下三条胡同 28 号，始建年代不详，于明崇祯八年（1635）修建，面积约 740 平方米，有殿七间，灰瓦房八间；附属房屋在元老胡同的铺房共九间半，与寺基相连。除供佛外余房出租。寺内有木佛像三尊，泥像十六尊。寺院房屋后为民居。

天仙庵

天仙庵坐落朝阳门外吉市口五条胡同 9 号，建于明嘉靖三十五年（1556），本寺占地面积约 1837 平方米，房屋十五间。寺内有佛像 24 尊。随城市发展建设，寺院房屋后为民居。

天仙庵是智化寺"京音乐"流布的寺庙之一，大约在清朝道光、咸丰年间，智化寺"京音乐"外传到天仙庵，以后又分别传授到成寿寺、水月庵、地藏寺、夕照寺、观音庙、火神庙、九顶庙及普宁寺等十余座寺院。

水月庵

水月庵位于朝阳门外吉市口二条胡同 33 号，又名万禄寺，始建于明天启六年（1626），占地面积四亩左右，房屋四十七间半，寺内佛像三十六尊。1958 年北京市文物普查时，存有关公殿三间及东西各配殿三间，为朝阳区第二进修学校使用。据传水月庵也是智化寺"京音乐"流布的寺院之一。智化寺"京音乐"至今已传承五百七十多年，被誉为中国古代传统音乐的"活化石"。

图 5-66 智化寺"京音乐"被誉为中国古代传统音乐的"活化石"

吉市口地区胡同内的六座佛教寺院改为民居后，于 1995 年的危房改造中拆除，六座寺院遗址位于现在的吉祥里社区和吉庆里社区区域内。

化成寺

化成寺位于朝阳门外净住寺胡同，建于清代，1958 年的文物普查记录中只有现存的破旧殿房五间，为居民使用。该建筑于二十世纪八十年代拆除，现为麒麟公馆所在地。

瑞应寺

瑞应寺位于朝阳门外景升街南下坡四眼井3号，建于明万历年间，属公建，于清咸丰五年（1855）合村绅商重修。本寺面积约800平方米，殿房共十九间。寺内有木质菩萨两尊，泥塑菩萨七尊，铜质菩萨一尊，槐树两棵，1928年后再无文字记载。

图 5-67 民间世俗愿望的寄托

地藏庵

地藏庵位于朝阳门外景升街南下坡四眼井2号，瑞应寺附近，是一座坐南朝北的一进院落，始建于清代，有山门殿三间，正殿三间，东西配殿各三间，全部是硬山顶，民国时期寺院已败落，改为居民小院，二十世纪八十年代危房改造时拆除。

朝外地区的七座清真寺

在朝阳门外南侧，清代以后逐渐建起七座清真寺，因回族有围寺而居的习俗，所以清代以后许多回族居民跟随清真寺的形成集聚在这里生活。

南中街清真寺（上坡大礼拜寺）

南中街清真寺，俗称上坡大礼拜寺。位于朝阳门外南中街北部路西，紧邻护城河东岸、朝阳门和朝外大街。南中街清真寺始建年代无考，在清嘉庆时期进行了规模较大，房舍略多的清真寺修建，于嘉庆二年（1797）动工，三年完毕。这是早年住在该寺附近的大门户秦竹泉先生出资并募集部分资金修建的。谓之"上坡礼拜寺"，又叫"大礼拜寺"。秦竹泉先生当年同时在常营地区也建了一座清真寺，两寺的建筑设计完全一样。至今常营乡清真寺内仍保留有两通石碑记载了秦氏家族捐资兴建两处清真寺一事，常营与朝外地区的回族居民也留有秦氏家族捐资兴建清真寺的传说。

上坡清真寺建筑仿照清代建筑的样式，筒瓦起脊，琉璃的五脊六兽，工程坚固。山门三座，外院南北群房各三间，二门垂花门一座，进门南北抄手游廊，南北讲堂各三间，前廊后厦。迤南通游廊，各有耳房一间，迤西有房两间，另有游廊数间通大殿。正西大殿，面阔五间，勾连搭又各五间。殿前丹墀，四角各置石质灯架一具。院内翠柏苍苍，矗立云际。

图 5-68 阿訇正在祈祷

北讲堂有后虎门一座，通北院，建有尺余高之甬路，直通北上房。阿訇掌教退休之所，屋共七楹带廊厦，东西各有游廊三间，院内绿树成荫亦颇幽雅。水房浴室设在殿西北隅宽敞洁净。周围尚有群房数十间。大殿有"天堂飓尺"长匾一具，为道光丁亥年（1827）湘浦中堂松筠所书。两边刻有木质对联，为回部郡王哈迪尔所书，上首系"至当归一，开务远源昭率性"，下联为"慎独无二，发明理要入精微"，是道光丁亥年（1827）笔迹。殿内尚有金字经文匾额三方，不详是何人所写。后壁有数丈长之经文墨迹，苍老遒劲，据传是沧州金四阿訇所书。北讲堂悬有唐树捕所书之"善心坚固"四字之匾，系光绪乙亥年（1875）间之物。

上坡清真寺早年设有粥厂及小学校一处。粥厂年代很远，系私人捐款创设。在上坡清真寺对面赵宇臣捐助空地一段，建造极简陋的粥厂一处，即利用上坡清真寺山门内的南北群房，生火熬粥，不分宗教畛域，任人取食。庚子年后粥厂停办。直至晚清末年又

图 5-69 穆斯林群众在礼拜前必须要
冲洗小净，以示尊重和诚意

勉强开办了几年，但历经战乱，民不聊生，多年慈善机构再无人继续承办。

上坡清真寺清真小学创始于清末，先名为经儒小学堂，曾推本街名宿赵鼎臣为堂长，两级高小学制，学生五六十名，为东郊名符其实的学校。教育当局屡派多人调查颇为满意。后又有黑文志、黑淑兰兄妹，继办清真小学。之后逐渐衰落停办。

1948年平津战役期间，北平负责守卫东直门、朝阳门、广渠门一线的军队为了扫清视野，拆除护城河两岸的民房。上坡清真寺高大宏伟的礼拜大殿的二层望月楼及部分附属用房被拆。

1949年后，经多方民间募捐，在上坡清真寺原址重建了一座简易大殿。

图5-70 北京市朝阳区伊斯兰教协会在上坡清真寺原址

1950年在于广增阿訇的主持下，穆斯林群众拿乜贴集资，在南中街礼拜寺院内建教室、修操场，创办成立了回民穆慎小学，于广增阿訇担任校长。不少穆斯林家庭的孩子在这里学习。穆慎小学的经堂教育在朝外穆斯林聚居区产生良好的影响。穆慎小学的鼓乐队在当时也很有名气，洋鼓洋号十分新鲜，经常被邀请参加一些社会活动。1956年穆慎小学更名为北京市朝阳区南中街第二小学。

1958年上坡清真寺大殿被制鞋厂占用，直至二十世纪七八十年代，清真寺南部院落及正门被改建为工厂大楼。就此南中街清真寺的礼拜大殿一直没能重建，仅保留北侧走廊及北讲堂。

改革开放时期归还宗教场所，这里成为朝阳区伊斯兰教协会的办公场所。原北讲堂部分教室、后院及院北部扩建为南中街第二小学使用。2003年朝外大街拆迁改造胡同期间，南中街清真寺被全部拆除。

南下坡清真寺（下坡小礼拜寺）

南下坡清真寺位于朝阳门外迤南，俗称小礼拜寺。始建于康熙初年，距今已有近400年的历史。南下坡清真寺位于朝阳门外二条南口路西。是目前朝外地区唯一一座清真古寺，也是市区重点文物保护单位。

明末清初，住在南下坡清真寺附近有一位棚匠（专门给办红白喜事的人家搭大棚），在清真寺的现址，用杉篙、苇席搭了一个大棚。当时有一位名叫胡仲和的阿訇，在席棚中念经礼拜，并给儿童传授文化知识。从事弓箭生意，家住朝阳门内的马先生，得知朝外南下坡地区儿童在席棚中接受教育，心生怜悯，出资在南下坡建了一座清真寺。

南下坡清真寺坐西朝东，正门是三个独立的建筑门楼，门楼之间是院墙连接，左右院墙向两侧前伸，呈半圆形，门楼、院墙磨砖对缝十分坚固，南北两个门楼为方形门洞，中间门楼是高台阶券顶圆门洞，门洞内上方有宽大的红色上门楣。红色的大门上装铜门环。圆门洞的外上方刻有精美的花纹砖雕，并镶嵌着一块石匾，上刻五个大字"清真礼拜寺"。

进清真寺正门是青砖墁地的甬道与寺内中门相接，中门是木雕精细的垂花门。在垂花门左右有汉白玉抱鼓石门墩一对。院内有南北讲堂各三间，大殿右侧是男女水房子（浴室），左侧是埋体房（停尸房），清真寺大殿抱厦三间，两侧均有出厦，殿为四脊；后窑殿三间，"米哈拉布"为砖券穹顶，中以券门相通，以三脊跨度最大，是传统的宫殿式建筑风格，建筑结构严谨考究古朴典雅。大殿可容纳800人礼拜。

礼拜大殿右侧上方悬挂着"纲维二五"匾，是清朝庆亲王爱新觉罗·奕劻于光绪二十八年（1902）三月亲笔所书。大殿左侧上方挂着"仁声远播"匾与大殿门口两侧的"主降真经明终始、圣传正道

图5-71 1954年夏天拍摄，
朝外南下坡清真寺院内文化识字班结业照

通古今"十四个字的楹联,比较完整地体现了伊斯兰的宗教思想和文化。

　　南下坡清真寺的三座门楼在二十世纪六十年代初拆除。仅留下坐西朝东的礼拜大殿。1983 年秋至 1985 年 5 月新的大门建成。新寺门前是四步宽大的台阶,两侧是高三米左右的围墙,双开的红漆大门,上方书写"清真礼拜寺"五个大字,两侧外墙上装有白色壁灯,大门直通院内,方顶平台上是绿色的半球型,底部一圈阿拉伯文,顶部的新月标志在阳光的照耀下十分鲜亮,这是一座仿阿拉伯式的圆顶球型大门。礼拜大殿左侧上方悬挂"教隆宇宙"匾。南下坡清真寺 1986 年进行了修缮并重新彩绘,同年 5 月,被朝阳区人民政府公布为朝阳区文物保护单位。

　　近百年来,南下坡清真寺认真料理已故穆斯林群众,在北京市广大穆斯林群众中有较高的声誉。1928 年 2 月 15 日,原中共北平市委书记兼组织部长马骏被奉系军阀杀害后,他的遗体在南下坡清真寺经胡文志伊玛目、胡子臣海推布之手进行了清洗,南下坡地区的乡老、朵斯提捐款买的"可番"布,把马骏同志的遗体安葬在日坛公园。中华人民共和国成立后党和国家领导人邓颖超同志亲自给墓碑题写了"回族烈士马骏之墓"碑文,马骏烈士陵园已成为市区重点烈士纪念建筑物保护单位、北京市青少年爱国主义教育基地。

　　南下坡清真寺曾是朝外下坡地区的文化活动中心。中华人民共和国成立初期,针对广大劳动人民不识字的问题,党和政府有计划地开展了扫盲运动。许多劳动妇女参加识字培训班。不少居民在这里摘掉文盲的帽子。

图 5-72 坐落在日坛公园内的回族烈士马骏的墓碑

图 5-73 2016 年南下坡清真寺新建寺门

图 5-74 南下坡清真寺内景

　　二十世纪六十年代后期，南下坡清真寺作为北京市回民殡葬服务所，始终在为穆斯林群众服务，按照穆斯林土葬的传统习俗，数以千计的已故穆斯林群众，在南下坡清真寺进行后事处理。

　　2006 年起南下坡清真寺陆续开启了大面积的修复工程，2016 年，南下坡清真寺历时 2 年多的落架重建工程竣工，并在该清真寺举行重建落成庆典仪式。现在的南下坡清真寺大殿属典型的中国传统建筑"勾连搭"式，分卷棚、前殿、中殿、后殿四部分。卷棚三大间，矗立在全殿最前方。大木起脊式的礼拜大殿卷棚、前殿、中殿、后殿各有起脊的屋顶，上面用勾连搭的形式连在一起。大殿的平面呈十字形，后殿再起亭，使整座大殿建筑成一整体而又富于变化，有主次轻重之分。这种勾连搭结构，自明代以后便普遍使用于内地回族清真寺较大的礼拜殿，成为中国内地回族清真寺的一种典型形式。南下坡清真寺是穆斯林群众心中的殿堂，每天都有中外穆斯林在这里做礼拜，是中外穆斯林友好交往的场所。

水门关清真女寺

　　水门关清真女寺位于朝阳门外水门关胡同 1 号。

　　水门关清真女寺始建于清末民初，是单独为女性穆斯林提供礼拜的场所。女寺的正门是如意门，正门上方的石匾上刻有清真寺三个字。建筑格局是北有讲堂二间，水房子一间,南讲堂二间,门道一间,方方正正的一个小院。礼拜大殿坐西朝东,磨砖对缝的建筑结构十分严谨,三开间二脊三间跨度很大,殿顶很高,大殿内能同时容纳几十人做礼拜。1958年水门关女寺停止了宗教活动,二十世纪六十年代初该寺建筑为回民托儿所用房,后改为回民幼儿园。

图 5-75　穆斯林妇女在做礼拜

二十世纪九十年代初,朝外地区进行危房改造拆迁。其清真寺建筑的砖、瓦、木料被杨闸清真寺拆下运走,实施再利用。

杜家楼清真寺

杜家楼清真寺原址位于朝阳门外日坛公园西侧,雅宝路一号院内 4-5 号楼附近,雅宝路一号院所在位置民国时期叫杜家楼。杜家楼一带居住着很多回族居民,为满足回民宗教信仰的需求,这一区域曾设有清真礼拜寺一座,称杜家楼清真寺。随着城市不断建设,原平房院落改建成楼房,杜家楼清真寺消失了。

赦孤堂清真寺

赦孤堂清真寺,位于朝外大街东部南侧赦孤堂胡同路西甲四号,距朝外大街100 米左右。清真寺门脸不大,进门后有一个影壁,院子不大,和其他清真寺一样,也有南北讲堂各三间。礼拜大殿坐西朝东,殿门上方有"都阿宜"经文,大殿可容纳三四十人礼拜。

曾因收养贫苦孤儿,故称赦孤堂清真寺。1949年后曾用名社会堂,该寺在 1958 年关闭。

朝外地区历史上有记载的寺庙目录

序号	名 称	地 址	形成年代
1	土地庙	东大桥 1 号	清同治十年
2	广济庵（广济禅林）	东大桥 16 号（东大桥小学）	明成化年间
3	关帝庙	东大桥 31 号	明成化年间
4	三圣祠	草场 27 号	清光绪元年
5	真武庙	朝外大街 65 号	明万历十八年
6	北海会寺	朝外大街 101 号	明万历十七年
7	弥勒院	朝外大街 122 号	明万历十七年
8	慈尊十八狱庙	朝外大街 130 号	清雍正年间
9	头道行宫	朝外大街 167 号	明成化年间
10	九天普化宫	朝外大街 227 号	明万历年间
11	东岳庙	朝外大街 242 号	元延祐六年
12	普济寺（普济禅林）	朝外大街 285 号	清乾隆五十四年
13	天仙宫（齐天庙）	朝外大街 290 号	明天启年间
14	三圣祠	吉市口 50 号	清咸丰年间
15	三圣祠	吉市口南口路东	清同治三年
16	水月庵	吉市口二条 33 号	明天启六年
17	天仙庵	吉市口五条 9 号	明嘉靖三十五年
18	关帝庙	吉市口六条 19 号	明代
19	观音寺	吉市口七条	明嘉靖二十七年
20	弥陀寺	吉市口七条 23 号	清道光二十六年
21	延寿院	元老下三条 28 号	明崇祯八年
22	般若寺	元老下四条 45 号	明代
23	土地祠	太平巷 1 号	清同治年间
24	地母庙	杨家胡同 15 号	明代
25	七圣祠	北大院路北 1 号	清同治十年
26	三宝寺（黄庙）	喇嘛寺胡同（四条 5 号）	明代
27	净住寺	净住寺胡同 5 号	清代
28	化成寺	净住寺胡同	清代
29	三佛寺	观音寺胡同南	无考
30	地藏庵	四眼井下坡 3 号	明万历年间
31	瑞应寺	四眼井下坡 2 号	无考
32	海会寺（海会禅林）	南营房东门 4 号	明永乐年间
33	关帝庙	南营房 6 甲 16 号（西道 1 号）	清乾隆年间
34	西方庵	神路北街 13 号	清光绪年间
35	皇姑庵	皇姑庵 2 号	明万历二十七年
36	水门关女寺（回民托儿所）	水门关胡同 1 号	民国二十年
37	南中街清真寺（大礼拜寺）	南中街 27 号	清康熙初年
38	南下坡清真寺（小寺）	南下坡	清康熙初年
39	赦孤堂清真寺	赦孤堂胡同甲 4 号	清末民初
40	基督教救世军	吉市口七条	民国时期
41	福音堂	朝外大街 81 号	民国时期

第六章

繁华兴盛的商业文化
——朝外大街上三百多家商铺字号

品读朝外大街的老商味

朝外大街自朝阳门至东大桥段旧称朝外关厢，元代和明初叫齐化门关厢大街，明中期之后叫朝阳门关厢大街，是一条有着七百多年历史，东西方向的街道，是古代京城重要的驿路、粮路、祭祀活动必经之路。可以说这条大街曾经是维系这个东方大国心脏正常跳动的主动脉。其道路周边商业经济随着历代社会发展不断兴盛，至清代中期达到鼎盛，成为京城除前三门关厢外最繁华的商业区。

图 6-1 民国时期的朝外大街车水马龙

图 6-2 朝外大街两侧的地势较高，商铺也显得高大

朝阳门外商街印象

　　朝阳门（齐化门）是元明清时期京城的粮门。进出朝阳门的朝阳路上，日夜不停的行驶着运送粮食物品的车马和人流。这些粮车商贾都要在城关外歇脚、聚集，等候开放城门。朝阳门关厢东部的关东店一带也因此逐渐形成了京城最大的粮食市场，关厢大街的东段东大桥一带的商铺自然形成以运粮车马、买卖粮食的商人为服务对象的特色商铺。有为运粮入城歇脚住宿而设的大车店；有为车马服务的马掌铺、修车铺、打铁铺；有捆绑货物而准备的麻绳店；也有为车夫们整装入城而建立澡堂子、理发店、成

图 6-3 民国时期的马掌铺的伙计在为客人的马钉马掌

衣铺和鞋店等。这里的店铺以手工作坊铺、五金店、煤铺、土特产、豆腐坊、粮油店居多。

关厢大街中部商铺的形成发展则与东岳庙、九天宫、十八狱庙、弥勒院、海会寺等寺庙庙会形成的庙市息息相关。每逢庙会，这条大街人头攒动，熙熙攘攘，热闹非凡，而这一段的商铺则种类繁多且高大上了。如绸缎庄、首饰店、香蜡店、文具店、百货店、成衣铺、中药铺、酱菜园等大都聚集在此。从二十世纪三十年代末海达·莫理循女士拍摄的朝外大街影像中，我们可以看见当年具有传统历史形态商铺的建筑门脸及招幌，街上商铺鳞次栉比，很难想象在京都城外的关厢地区会有这么一条热闹非凡的商业街。

如果是赶上过年和庙会，朝外大街就更热闹。东岳庙门前人如潮涌，城外郊区各村的走会队伍汇聚这里，秧歌、高跷、旱船、耍叉、舞狮、武术等十三档表演队都会到朝外大街来送神。这时，商户们争相在自家的店铺门前摆上茶水和点心，有的还撒上红包，招引表演队到自己的店铺门前表演，这场景从

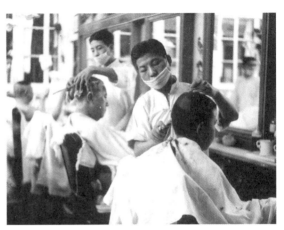

图 6-4 民国时期的理发馆

图 6-5 庙会期间的朝外大街人山人海

图 6-6 迎亲的队伍经过朝外大街的商铺

大年三十开始，一直闹到正月十五放花灯。

而靠近城门的关厢大街西部，因周边南营房的满族民众及清真寺的回族民众聚居，又紧邻护城河和菱角坑水域的郊野游玩处。故这一带丰富的民族文化及娱乐场所吸引着京城内外的游客和香客汇聚此地，形成的商铺以茶庄、回汉餐馆、糕点饽饽铺、说书场、跤馆、茶楼和戏园子较多。翻阅历史档案，查阅相关史料，让我们回顾民国时期朝外大街上店铺字号的商业形态。

寻访民国时期的著名老铺号

民国时期至 1965 年，朝外大街的门牌号是从朝阳门箭楼外护城河上的鸾桥东侧路南开始向东排列的，排到东大桥的位置折到路北，向西排到朝阳门鸾桥边共有 368 个门牌，这些门牌号中大多数为铺户，让我们沿着民国时期的朝外大街，寻访这三百多座商铺老字号。

路南的铺号

提起朝外大街这些接地气儿的老铺号，路南靠近朝阳门箭楼的朝外大街 2 号过去是一家名为泰和隆的麻绳铺，这家麻绳铺是由当初察哈尔省蔚县人开设的，店面不算小，有十几个伙计打绳。泰和隆麻绳铺也是人们进城之前绑扎货物的最后一家麻绳铺。

朝外大街 11 号叫福顺染坊，14 号叫祥顺染坊。明面儿上还以为这两家是在搞商业竞争，其实都是同一个山西老板，不过租了两家店铺罢了。

29 号的三阳粮店就显得买卖比较大了。这家由山东蓬莱人开办的粮

图 6-7 麻绳店的商铺招幌

117

店老板叫姜焕章,他带着二十几号山东人一直维系着粮店的买卖。后来经过公私合营,这里被改名为第十三零售店。

再往东走,33 号是周济光经营的裕顺斋糕点铺,该铺开业于清光绪末年,主要经营满汉饽饽。清末民初时,北京有三个裕顺斋,广渠门内的裕顺斋是总号,生产经销的排叉,焦脆香甜,享有"沙窝门焦排叉"的美誉。第一分号在崇文门外东晓市大街药王庙附近,其自产的碎蜜供,香酥软甜,被人们称之为"药王庙的蜜供"。朝外大街的这家裕顺斋糕点铺可以算是裕顺斋总号的二分号,其满汉饽饽最有名的是八宝缸炉和龙凤饼。在旧北京,妇女生小孩"坐月子",缸炉算是上等的补品。龙凤饼是一种酥皮夹馅的圆饼,表面印有红色"龙"和"凤"的图案,故得此名。

而向东不远的 39 号、40 号、41 号的元顺永油盐粮店的买卖就显得更大了。元顺永油盐粮店开业于 1935 年,东家叫崇少甫,掌柜的叫修允斋,全店都是山东人。元顺永的总号在西直门叫元顺成,另外还有元顺公、元顺长、元顺兴三个联号,当年在北平是比较有名的。元顺永油盐粮店自设油坊、磨坊和咸菜房,从一开业买卖就很好。一些小油盐店、饭铺、饽饽铺由元顺永油盐粮店供应食用油、粮食和芝麻酱等。元顺永油盐粮店一直到 1949 年以后,仍有三十多人在这里从业。1956 年,元顺永油盐粮店参加了公私合营,1958 年全市商业网点调整时被摘匾撤点。

沿着朝外大街再向东走,79 号的荣盛轩茶饭铺颇为醒目,这家商铺开业在清光绪二十六年(1900),有两间门面,进深也是两间,是一处勾连搭的建筑。这家店铺既卖饭菜也卖茶水,最受顾客欢迎的是"小碗干炸"炸酱面。1949 年以后这里被改为

图 6-8 民国时期粮店里的伙计在称粮

新声戏院（群众剧院），1965年以后这里就成为紫光影院了。

朝外大街87号过去是兴隆益布行，这家店铺与旁边88号兴隆号百货店是同一个老板，老板名叫马俊和，是河北肃宁人。由于要与马路斜对面的布号竞争，所以马俊和把主要精力放在布行，店面修得相对漂亮，当时在此从业的人员达十多人，而在兴隆号百货店投入的人员还不足布行人员的一半，可见马老板的用心良苦。

沿着朝外大街路南再往东走，就是102号，这里是紧挨着北海会寺的义泉澡堂，澡堂的老板叫张湛如，河北定兴人。当时他带着四十来人在这里从业，搓澡的、按摩的、跑堂的，生意特别红火。这家澡堂的外观体量也显得比较气派，一打听才知道，人家租的是住在城里金鱼胡同的大户那姓人家的房产。

过了神路街往东，大车店和煤铺就多起来了。123号的永顺成车铺，125号的东来顺马掌铺，130号的长顺永车铺，133号的和顺成大车铺，136号的益顺大车铺，138号的东升大车店，142号的东振兴自行车铺，143号的文兴车铺，144号的东大车店，155号的永顺增大车铺，157号的两合马掌铺，159号的德禄车行，160号是规模较大的丰盛煤铺，172号是西顺大车店。

图 6-9 原荣盛轩茶饭铺后为紫光影院

图 6-10 神路街琉璃牌坊边的修车铺

图 6-11 装满货物的大车

119

162 号原为广济禅林、后为东大桥小学和朝阳制鞋厂门市部占用，今天这里已是蓝岛商厦的所在地。

路北的铺号

朝外大街上规模较大的买卖店铺大多在路北，这边的铺面既花哨又讲究，迎着阳光，显得立体感特强，一溜儿排过去，煞是好看又热闹。

路北的 171 号是天信铁工厂所在地，它的东侧是亨大兽医诊所。天信铁工厂在 1937 年前在此设立，主要是为将要入城的大车打造零部件，并为附近居民打造生活必需的铁器制品。

提起大有油盐粮店，可谓是长寿的企业，这一带的老居民全都知道。这家位于朝外大街路北 179 号的油盐粮店是 1917 年开办的，第一任掌柜叫耿少亭，第二任掌柜叫常子久。大有油盐粮店经营的主要商品有白面、玉米面和小米面，也有香油、花生油、芝麻酱、黄酱、酱菜等。其自产的黄酱和酱菜在北京东郊区非常有名的，就连慈云寺、八里庄、双桥、管庄一带的农民进京办事，也一定要到大有油盐粮店买些黄酱和酱菜带回家去。

大有油盐粮店的规模不小，仅酱菜缸就有近 500 口，还曾在城内缸瓦市开办了"大有清真油盐粮店西栈"。1950 年，北京市工商业联合会成立，常子久被选为常务委员，并兼任北京市粮食业同业公会主任委员。1954 年，大有清真油盐粮店带头参加了公私合营。

237 号是一家名叫三盛成的杂货店。开店的一家七口来自通县，张德明是一家之主，他没日

图 6-12 腌制酱菜的大缸

图 6-13 二十世纪七十年代的大有蔬菜商店的牛羊肉部

没夜的操持着自家产业，凭着自己知书达理，拼命供儿子张鸿祥读书，他祈盼着下一代能够改善自己的命运。功夫不负有心人，儿子张鸿祥最终考上了北京大学理学院，成为当时这条商街上唯一走出的北大学子。

过了东岳庙沿路北再向西，朝外大街最经典、最漂亮的店铺就相继出现。东岳庙山门西侧的第一间商铺是 243 号的天馨楼香蜡店，紧挨着的是荣记香蜡店，店内出售各种香、供品及杂货小商品，因东岳庙众多的香客及密集的庙会生意非常红火。

香蜡店西侧就是永庆和布店，两间门面进深两间，后有货房四间。经理王蕴章，雇工十人。主要经营粗布、白布、大蓝布。永庆和布店在东岳庙牌楼前的招幌十分醒目（图 6-14）。

再向西有泰山楼首饰店、五福楼首饰店、天蕙楼香烛店。著

图 6-14 东岳庙牌楼边是天馨楼香蜡店和荣记香蜡店，永庆和布店的招幌分外显眼

名的一元堂药铺西侧是 259 号正兴斋饽饽铺、262 号宝记茶叶庄、266 号义和成百货店，还有文聚楼首饰店……

朝外大街 265 号是著名的汪正大茶庄，当年有老照片显示汪正大茶庄在梧村楼附近（图6-15），这家茶庄规模较大，是当年北京"方、汪、张、吴"四大茶商之一的汪维正开办的。汪维正是安徽人，在清代初年，汪维正的先人就由家乡来到京城经营茶叶的买卖。在清末民初，汪维正在北京开有六个汪姓大茶庄，它们是：前门外观音寺街的汪正大茶庄，阜成门内大街汪裕兴茶庄，西安门大街汪广兴茶庄，崇文门内米市大街汪天兴茶庄，以及朝外大街的汪正大东记茶庄和汪正大茶庄。朝外大街的汪正大茶庄开业于清同治年间。而后，汪维正又在汪正大茶庄以东开了个分号，叫汪正大东记茶庄。

二十世纪三十年代初，汪正大茶庄因经营困难，将城里的几家茶庄和汪正大东记茶庄报了歇业。到了日伪统治的后期，汪正大茶庄实在无法经营倒闭了。

聚祥益布铺坐落在朝外大街 277 号，开办于光绪初年，三间门面，门面上有一钟表楼，装有一个大钟（图6-16）。店堂广阔。最早以卖土布代卖洋布为业，其东家是河北饶阳的李乐波，掌柜的叫魏宜臣。店中大多数店员都是饶阳县人，因此

图 6-15 图片左上角可见汪正大茶庄，门匾上的字号及广告语

图 6-16 图片右上角可见聚祥益布铺门面上的钟表楼

也有人称聚祥益是"饶阳屋子"。

聚祥益从农村选购的土布都是本色白布，而后染成青、蓝、土黄等颜色进行出售。民国初年，聚祥益布店增添了高阳布，后来又增添了绸缎呢绒，并进口国外生产的洋布。经营的鼎盛时期，铺里职工有五六十人，门面从三间扩至十二间，重新修整的洋式门面，似乎真有让人摸到绸缎的质感。解放后，聚祥益布铺参加了公私合营，后来改名为国营中国纱布公司东部供应站，并设零售门市部。

图 6-17 从参加迎亲队伍的老者身后可以看到聚祥益布店的牌匾和西洋式的高门脸

二十世纪六十年代该建筑为燕丰食品商店的经营场所，原建筑上的钟楼已不见了，但一层店面依然保留着原来的装饰，与民国时期的照片上聚祥益招幌后的建筑样式相符（图6-19）。

紧挨着聚祥益布铺的是梧村楼绸缎洋货庄，门牌号是278号，是一座二层楼的传统建筑，老板是河北衡水人，经营范围与聚祥益布铺差不多，同时经营各种金银首饰及首饰加工。梧村楼绸缎洋货庄当时有员工二十多人，买卖不比聚祥益布铺逊色。从店面的外观来看，店主人把这家传统建筑做到了极致，远远

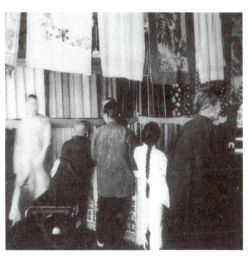

图 6-18 民国时期绸布店内生意兴隆

图 6-19 二十世纪七十年代朝外大街上的燕丰食品商店，其建筑依然保留了原聚祥益建筑一层的原貌

图 6-20 民国时期朝外大街上迎亲鼓队的身后可见梧村楼和聚祥益商铺建筑及醒目的招幌

看过去像是鹤立鸡群，近处观赏细节更是漂亮（图6-20）。

沿着朝外大街路北再向西走，283号的泰源亨纸店的买卖也不小，老板叫杨华亭。截止到1948年底，这里的从业人员仍有近二十人，而此时他们已经在这里经营了四十多年，是这条街上名副其实的老铺号。

永星斋饽饽铺坐落在朝外大街292号，天仙庙西侧，正对景升街北口，靠近吉市口的337号是永星斋的西号。清光绪六年（1880），永星斋饽饽铺在安定门内大街创办，店主人是制饽饽的高手王芝亭，他家做的蜜供、奶油萨其玛、七宝缸炉等是当时最畅销的产品。

永星斋饽饽铺店面的招牌和配匾"炊玉提糕"是王芝亭请清末翰林戴思溥书写的；他又请清末工部尚书陈璧题写了"翠凝朝露""粔籹銀飴"和"风味不群"三块竖牌（图6-21），而且在产品的包装纸上还印上"永星斋饽饽铺"字号和经营各种饽饽品名等。后来买卖做大了，就迁至朝外大街路北。

每年正月十五，永星斋都会在门前悬挂各式花灯招揽游人，还利用人们逛东岳

图 6-21 永星斋饽饽铺的门脸和招幌真漂亮

庙的机会作宣传，他们卖给东岳庙的供品饽饽不仅质量好，还准斤准两，引得众多
香客和游人纷纷到永星斋购买饽饽。

　　过了永星斋向西，312 号是德盛猪肉铺，开业于清同治年间，掌柜的是山东人，
叫牟洞，店铺里的伙计也都是山东人，他们既卖生肉也卖熟肉。在清末民初时，德
盛猪肉铺制作的五香酱猪蹄最有名。当年人们都喜欢吃德盛猪肉铺的酱猪蹄，特别
是喜欢喝酒的人，都爱用这里的酱猪蹄
下酒。

　　德盛猪肉铺正在兴旺发达时，牟掌
柜得了病，而且一天比一天严重，当时
他的孩子尚小，最后无奈只得遣散了柜
上的伙计，回老家养病去了。驰名一时
的德盛猪肉铺就此结束了历史。

　　吴德利茶庄的老门牌是 328 号和 329
号，店主人叫吴承璋，1948 年时他 38 岁，

图 6-22 民国时期的肉铺

家住崇文门外东兴隆街。328 号门脸小，原来曾作为吴德利药栈使用，店中只有二人从业，后来药栈的生意被旁边 330 号的大仁堂中医店压得喘不过气来，最终歇业而转为茶行。而 329 号的老吴德利

图 6-23 二十世纪六十年代老茶庄为朝外少年之家

茶庄，1948 年时还有十四人从业。这座有着拱形门洞、红色木门的老建筑就是后来的朝阳区少年之家。这座建筑与其它商铺的格局不一样，没有店铺的门脸房，一进大门就是一条灰砖甬道，东西两侧的平房是画室和钢琴房。穿过平房，院中间是一

图 6-24 图中可见永星斋饽饽铺西号店铺门前漂亮的糕点招幌
泉成涌纸店门前的招幌，后边挂着泰源祥纸店的招幌

座明亮的大厅，大厅的东、南、西三面是高大的落地玻璃窗，木质的地板，是合唱团和舞蹈队的排练厅。穿过大厅两侧的过道，最后边就是图书馆了，图书馆同样也是落地的玻璃窗，一排排书架上都是小朋友喜欢的各类书籍。这组讲究的西式灰砖绿窗的建

筑，有着非常明显的教堂样式，能让多少朝外的老人回味在那里度过的童年时光（图6-23）。

朝外大街333号是永星斋饽饽铺西号（图6-24）：三间门面，店门前悬挂的各种漂亮招幌和东边292号总店一样。店内经营各类糕点，也由永星斋总店供货。由于该店地处吉市口胡同口，生意比较兴隆。

永星斋饽饽铺西号的西边338号是泉成涌纸店（图6-24）：纸店两间门面，门面房上接一层小楼，后边有仓库四间。早先为首饰店，后改为纸店。全店有十五人，经营各种文具纸张、笔墨册本。该店东边为吉市口胡同。由于吉市口胡同往北与十多条胡同相通，行人流量大，故该店业务比较繁忙。

图6-25 图片中西一元堂药店的广告招幌又细又高

朝外大街341号是泰源祥纸店：纸店三间门面，后院有房十余间。经理杨镭青，雇工有二十多人，经营各种纸张文具、帐簿册本，并向糊棚作坊供应纸张、糨糊、高粱秆等原料，业务繁忙。

朝外大街351号是西一元堂中药店（图6-25），药店三间门面，是东一元堂药店的仓库，只加工丸散膏丹，不对外营业。西一元堂药店是朝外大街比较有名的一家药店，经理吴心田。

二十世纪七十年代末八十年代初，朝外大街还没有拓宽，被裁弯取直的护城河还存在，由朝阳门内到朝阳门外还需通过护城河上的新窑桥。朝外大街两侧的店铺鳞次栉比，建筑各具特色，可以看到一些清末及民国时期的老建筑，东岳庙的山门与琉璃牌坊相对而立。大有副食店、燕丰食品商店、朝阳餐厅、朝阳药店、朝阳区少年宫、朝阳工人文化宫、紫光电影院等，许多朝外人仍然记忆犹新。

二十世纪八十年代拍摄的朝外大街商铺

图 6-26 朝阳餐厅和燕丰食品商店的原址是梧村楼和聚祥益

图 6-27 的丽餐厅的原址是永星斋饽饽铺　　　　图 6-28 朝外大街上的紫光园餐厅

图 6-29 东大桥路口的东大桥百货商场

图 6-30 工体南路路口的商店

图 6-31 朝外大街上的春泉理发店

图 6-32 朝外大街南侧

图 6-33 芳草地西街北口的工人文化宫和民众饺子馆

图 6-34 朝外大街北侧的新风食品店和新时代照相馆

图 6-35 朝外大街北侧的大有商店

第七章
五方杂处的民居小巷
——四十多条老胡同

朝阳门外早在元代就已经有大片的民居了。在《马可·波罗游记》中这样记述道："十二座门外面各有一片城郊区，面积广大。每座城门的近郊与左右两边城门的近郊互相衔接，所以城郊宽度可达三四英里，而且城郊居民人数的总和远远超过都城居民的人数。至少在当时的齐化门外，拥有一定数量的旅舍和民居。"史载，明正统十四年（1449），蒙古瓦剌部进逼京师，兵马司想要拆毁京师九门外的军民房屋，以用作驻兵，当时关厢一带的人们十分不满，纷纷整理行李入城。这也说明了其时城门外已经具有一定的人口密度。在此基础上，干脆把各城门外的聚落人口包进城里，说明了城墙外日益扩大的城市外缘，即包括朝阳门关厢在内的各城门关厢地区的发展。

朝外关厢地区的发展是以城门延伸出的主干道为中心，逐渐向两边扩展，同时形成一些与主干道平行或交错的街巷，最后蔓延到城墙以外的大部分地区，慢慢形成了棋盘式的街道格局，形成了早期的民居胡同。

明代北京地名的全貌依赖明嘉靖三十九年（1560）锦衣卫指挥使张爵所箸的《京师五城坊巷衕衕集》而保存下来，根据该书记载，朝外关厢地区明代已有几处地名及胡同。如：袁老人衕衕、盛官人衕衕、草场衕衕、石牌衕衕、香衕衕、观音寺。"衕衕"二字后简化为"胡同"。

民国时期出版的《北平地名典》记载的明末清初到民国时期，朝外关厢一带的胡同就发展到了二十多条。

直到1996年出版的《北京市朝阳区地名志》里记载的胡同已达四十多条。

草园胡同

草园胡同是因所在地特殊标志而成名的胡同，位于朝外大街东部路北。明宣德十年（1435），在东岳庙东侧旷地设置花园草场，为皇城内御马圈贮存草料，该地区得名"草园"。

明末清初时该花园草场已荒芜，杂草丛生。有人在此建房，收购草料，故又名"草厂"。清末开始出现居民，逐渐形成平房居住区。

1965年地名普查时为路东、路西相对应，更名为东草园胡同和西草园胡同。1967年该地区建简易住宅楼，1986年建多层居民楼。

东草园胡同北部因建多幢居民楼和平房，形成东草园一至七巷及北巷、幸福巷等派生地名。东草园胡同于1993年消失。西草园胡同仅有一小段胡同留存。

元老胡同

元老胡同是以姓氏命名的胡同，位于朝外大街中部北侧，紧靠东岳庙西，南北走向。中段向东微弯，略呈弧形。南起朝阳门外大街，北至吉市口八条。中与吉市口头条至七条、元老下三条至下五条相交，西侧与吉市口东巷平行。

元老胡同成路于明代。相传明代曾有一位官宦门第的袁姓老人住此，故名袁老人胡同，清代讹传为元老胡同，沿用至今。据传该胡同南口原有一历史悠久的钱庄，

图7-1 元老胡同旧貌

清乾隆皇帝南巡途经此地，曾在该钱庄打尖歇脚。此后，生意兴隆不衰。1988年随着朝阳门外大街拓宽改建，南段西侧的民宅属危房改造现已拆迁，新建成住宅楼房，东侧则建成吉祥里209号住宅楼。胡同北段已消失，南段已无平房民居。

元老胡同下三条

明末清初元老胡同北段向东发展出两条胡同，因其居元老胡同以东，且地势西高东低呈下坡状，故得名元老胡同下三条。

元老胡同下三条东起元老胡同下四条，西至元老胡同，并与西邻的吉市口三条贯通，北至元老下四条与工人体育场南路相交，且与工人体育场西路相接。西段为东西走向，东段转为南北走向。成路于清末民国初，改建于二十世纪七十年代。

元老胡同下四条

元老胡同下四条为东西走向。东起工人体育场南路，西至元老胡同与吉市口四

图7-2 上世纪八十年代元老胡同下三条

条相接。中与元老下三条相交。成路于明末清初，二十世纪七十年代改建。因其居元老胡同以东，并与西邻的吉市口四条贯通，且地势西高东低呈下坡状，故名元老胡同下四条。现为朝外西街的东段。

图 7-3　民国时期胡同内的民居生活

元老胡同下五条

元老胡同下五条东隔工人体育场西路与工体南里相邻，西与元老胡同接壤，北与东城区东营房一至十条交界，南与元老胡同下四条毗连。该地原为苇塘、窑坑低洼地，二十世纪五十年代始建平房，时名元老胡同下五条。1958 年随兴建工人体育场建成排子房，分别命名为工体西里一巷、二巷。二十世纪六十年代中期建 6 层楼 4 幢，因居工人体育场西路以西，1975 年命今名。1989 年拆除部分平房，现为居民楼。

筛子胡同

筛子胡同是因手工作坊而成名的胡同，位于朝外大街北侧中部北侧。东起元老胡同，南至朝阳门外大街。东段为东西走向，与吉市口头条平行。中段连续三处九十度拐弯，转为南北走向。

筛子胡同成路于清代，原为土路，1975 年改建。相传该胡同在清代有许多制作筛子的手工作坊，故名筛子胡同。胡同两侧多为四合院式的简陋平房。除居民庭院种有零星树木外，无其他绿化，该胡同于 1988 年消逝。

吉市口胡同

吉市口胡同位于朝外大街北侧西北部，南北走向，北起吉市口八条，南至朝阳门外大街。中与吉市口头条至八条、杨家胡同等 11 条街巷相交，东侧与吉市口中巷平行。

图 7-4 二十世纪八十年代吉市口胡同平房拆迁前状况

吉市口胡同因集市而成名，而后又采用吉祥美好的字词谐音而成名的胡同，成路于清代，胡同南口原为鸡鸭市场，故名鸡市口。清代为八旗兵东城副指挥署和北营外西一守备署所在地。据《宸垣识略》载："东城副指挥署在朝阳门外鸡市口。北营外西一守备署在朝阳门外鸡市口头条胡同。"民国初，寓意吉祥，

图 7-5 散落在吉市口胡同的清代石刻门墩

取其谐音，易名为吉市口。民国后期改名为吉市口胡同，沿用至今。吉市口胡同经过拆迁改建，已经成为宽阔的街道改称吉市口路。

图 7-6 吉市口胡同改造前的破败民居

图 7-7 吉市口三条胡同拆除前

吉市口一条至八条

　　吉市口胡同以东地区，原居民多为工匠、手艺人、小商贩等城市贫民，住房矮小简陋。自清末民国初就已形成大片居住区，随之产生了西起吉市口胡同，东至元老胡同，自南向北依次排列的吉市口头条至八条；南起吉市口头条、二条，北至吉市口七条、八条的吉市口东巷、吉市口中巷等派生地名。

　　1991 年吉市口地区被列为危房改造地区，进行分批拆迁，改建为新的统建住宅区。该地区有区级文物保护单位两处：吉市口二条的水月庵，又名万禄寺，建于清代，为四合院式格局，原存关公殿 3 间及东西配殿各 3 间，为朝阳区第二教师进修学校占用，已于 1992 年危房改造时拆毁；位于吉市口七条 3 号的观音寺，建于明代，尚存破旧大殿 6 间，西耳房 2 间，为朝外大街房管所使用。另据《道咸以来朝野杂记》记载，该地原有一座建于清代的戏园名为隆和园，后因上座率不佳而倒闭，遗址无存。

　　吉市口胡同一至八条经过拆迁改建，成为吉祥里社区和吉庆里社区，已是高楼林立，环境优美的居民住宅区。

杨家胡同

　　杨家胡同位于朝外大街西部北侧。西起朝阳门北大街，东至吉市口胡同。胡同内有两处九十度直角拐弯，东段和西段为东西走向，中段为南北走向，似呈摇柄状。

　　杨家胡同以姓氏成名，成路于清末，北段原为菱角坑东沿，二十世纪六十年代改建成现路面。因该胡同原居民中多为杨姓，故得名。胡同两侧民宅多为旧平房与四合院。该胡同于 2003 年建设居民绿地公园及学校。

太平巷

太平巷位于朝外大街北侧西北部。东起吉市口胡同与吉市口二条相接，西至朝阳门北河沿。东段和西段为东西走向，中段约 30 米为南北走向。

成巷于清末民国初。原为土路，二十世纪七十年代改建。成巷时即为现名。名称来历无考，后与香饵胡同合并改称太平北巷。两侧多为四合院式平房，虽几度翻修，仍简陋。胡同原址现为中石化总部大楼。

香饵胡同

香饵胡同是因商业集市而形成的胡同，位于朝外大街北侧西北部。东起吉市口胡同与吉市口三条相接，西至朝阳门北河沿。中与太平巷相交。

香饵胡同成路于清代。原为土路，二十世纪七十年代初改建为现路面。据传因该胡同紧邻原护城河和菱角坑，有些居民以出售鱼饵营生，故曾名香饵胡同。后因其居太平巷北侧，于民国期间易名为太平北巷胡同。胡同原址现为中石化总部大楼。

化家胡同

化家胡同位于朝外大街道南侧东部，南北走向，北起朝阳门外大街，南至芳草地北巷与芳草地东巷相接。东侧与东大桥路平行。

化家胡同因姓氏而成名，成路于清代，自清代沿用至今。胡同北口东侧有明成化年间修建的广济庵，庵内的古树枝繁叶茂，迄今还在。胡同西侧是 1921 年清水安三先生创建的崇贞女校（现为陈经纶中学），该胡同保留至今。

图 7-8 化家胡同

赦孤堂胡同

赦孤堂胡同位于朝外大街东部南侧，南北走向，北起朝外大街，南至硝厂土堆，赦孤堂胡同成路于清代。胡同西侧有座名为赦孤堂的清真寺，故胡同由此得名。1975 年合并该路南部的芳草地西街，统称芳草地西街，沿用至今。

芳草地西街

芳草地西街位于芳草地西侧，呈南北走向，北起朝阳门外大街，南至日坛北路。芳草地西街成路较晚，北段原为赦孤堂胡同，与天福巷、夏家胡同相交；中段与日坛北巷、芳草地北巷相交。

1955 年建平房居住区，翌年更名金光街。成街时为土路，1967 年—1980 年先后于街两侧建三层简易楼四幢和多层楼八幢。1975 年地名普查时，因该街地处芳草地以西，合并赦孤堂胡同，统称芳草地西街。

芳草地北巷、东巷和西巷

芳草地北巷位于芳草地北侧，东西走向，东起东大桥路，西至芳草地西街。芳草地东巷和西巷南北走向，北起芳草地北巷，南至日坛北路，东侧与东大桥路平行，西侧与芳草地西街平行。二十世纪五十年代初，在此地建"周转房"，供拆迁户居住，逐渐形成平房居住区并成巷。初为土路，二十世纪六十年代铺装现路面。东巷东侧有北京第一所涉外学校：芳草地国际学校。

图 7-9 芳草地东巷

碑楼胡同

碑楼胡同因胡同紧邻特色标志物而得名，位于朝外大街南部，明万历年间建的弥勒院南侧，成路于明代。

碑楼胡同是离神路街琉璃牌楼最近的胡同，明代就有"石牌衚衕"之称，又有传说，因胡同西口两侧各有一通原弥勒院的石碑，故尔得名"碑楼胡同"。碑楼胡同的确切得名是否从明代的"石牌衚衕"演变成为"碑楼胡同"待考。

图 7-10 胡同内送水车

1921年日本传教士清水安三在该胡同租用八号民宅，创办了"崇贞工读女学校"，为现陈经纶中学初始。

该胡同的民居因二十世纪五十年代初的一次矿药厂爆炸事故遭受严重损毁，重建后碑楼胡同合并东段天福巷统称天福巷。

天福巷

天福巷位于朝外大街南部，东西走向。东起赦孤堂胡同，西至碑楼胡同。北侧与朝外大街平行，南邻椿树大院。成巷于清代。初为土路，后与西段的碑楼胡同合并，二十世纪七十年代铺装现路面。胡同名源于"天官赐福"的典故。每年正月十五日元宵节，亦称上元节，为天官赐福日，寓意居住此巷可享"天福"。该巷与原西段的碑楼胡同的大部分房屋在二十世纪五十年代初，因胡同北侧的辅华矿药厂发生爆炸事故时损坏倒塌严重，此后在其基础上重建翻修，故房屋排列无序。之后西段的碑楼胡同与东部的天福巷统称天福巷。1998年修建民居楼房将这一带民居改称天福园。

椿树大院胡同

椿树大院胡同位于神路街中部东侧，东西走向，中段呈南北走向。东起夏家胡同，西至神路街。北侧与碑楼胡同和天福巷平行。椿树大院胡同因胡同内特色标志物而得名，成巷于清代。此地元代属东岳庙庙产，初为几户农民在此耕种，向东岳庙纳租。清末已成居住院落，因院内种有一颗大椿树，以树命名椿树大院。该地民宅在二十世纪五十年代初辅华矿药厂发生爆炸事故时受损最重，虽经翻修重建但仍破旧简陋。二十世纪六十年代铺装了新路面。1998年此地新建居民住宅楼，现属天福园社区。

夏家胡同

夏家胡同因姓氏得名，位于神路街南部东侧，东起芳草地西街，西至神路街，中与椿树大院、日坛北巷相交。基本为东西走向，中段呈南北走向。夏家胡同以姓氏命名，是朝外地区较早形成的胡同，这一区域在元代属东岳庙庙产，初为几户农民在此耕种，向东岳庙纳租。该地夏姓佃户居多，随着定居的人逐渐增多，于元代成巷后以姓氏命名为夏家胡同。二十世纪五十年代初因附近辅华矿药厂发生爆炸事故，大部分房屋受损，后几度翻修，但仍显破旧简陋。1998年此地新建居民住宅楼，现属天福园社区。

硝厂大院

硝厂大院位于神路街南部东侧。东起芳草地西街，西至神路街，南与神路街后身（街）中与夏家胡同相交。成巷于清代。民国期间该巷有一家生产硝盐的作坊，故名硝厂大院。

1958年修建朝鲜驻华大使馆，拆除了硝厂大院南侧平房，与神路街后身（街）相连，合并为一条丁字街巷。1976年更名为日坛北巷。现在是南营房胡同东段。

图 7-11 民国时期胡同内居民

神路街后身（街）

神路街后身（街）位于神路街南部东侧，成巷于清代。南北走向。南起日坛坛墙北菜地，北至硝厂大院，与神路街并行。

1958年修建朝鲜驻华大使馆，拆除了神路街后身（街）东侧平房，与硝厂大院相连，合并为一条丁字街巷。因该巷居日坛北路以北，1976年更名为日坛北巷。现在与神路街连接成为神路街的南段。

荣盛胡同（荣盛夹道）

荣盛胡同位于朝外大街中部南侧，北起朝阳门外大街，向南约60米折向西至朝外市场街，中与南营房一至五条相交。成巷于民国期间，因胡同北口（现紫光影院）原有一座荣盛轩饭庄而得名。胡同中段和西段由两条小巷组成，曾名荣盛夹道。二十世纪五十年代将原北大街、菜市场正街、菜市场东街并入该胡同，遂更名荣盛胡同。该胡同于1965年改建，1996年胡同原址上修建昆泰酒店。

南营房及南营房胡同

南营房位于朝外大街中部南侧。此地原为清代驻扎的镶白旗兵营，又因位于朝

图7-12 南营房地区二十世纪八十年代，自西北向东南方向拍摄

阳门外大街南侧，故名南营房。据
传，当时驻扎该营房的为清镶白旗
兵及其眷属，故房舍均为两间一套，
每五套为一院，排列整齐。房间窄
小，俗称"鸽子房"。辛亥革命后，
此营房逐渐演变为民宅，居民中满
族和八旗兵后裔居多。南营房胡同
东西走向，东起神路街，西至景升
街东墙。南营房头条至八条，北起
荣盛胡同，南至朝日坛北坛墙外，
均为南北走向，自西向东依次排列
编号。以上九条胡同形成一个长方
形平房居住区。

图 7-13 从 1943 年和 1958 年航拍图中可
见南营房地区规整的军营房舍

南营房胡同曾名南营房横街，
因官署衙门得名。南营房一至八条曾名南营房一至七甲和七甲东胡同。1950 年 6 月
14 日，因东邻的辅华合记矿药制造厂发生爆炸事故，波及该胡同，使多数房屋受损。

1997 年南营房胡同南侧因修建日坛国际拆除了南侧的头至八条，北侧因建怡景
园公寓和朝外门公寓拆除了北侧的头至四条，至此，南营房的所有危房全部拆除。
南营房胡同连接东部日坛北巷延长至芳草地西街，胡同名沿用至今。

市场街

市场街位于朝外大街中部南侧。南北走向。北起朝外大街，南至日坛北街与日
坛路相接。中与荣盛胡同、三丰胡同、南营房胡同、三丰南巷相交。东侧与南营房
头条平行，西侧与景升西街平行。该街位于明代皇帝祭祀大明之神（太阳神）之时
修建的皇家禁地景升街中央。因清代中后期朝廷没落，皇帝不再祭祀，皇家禁地废弃，
空旷的皇路让各类商贩、卖艺人云集于此，逐渐形成市场雏形，至民国期间该街已
有"二天桥"之称，时名朝外市场。1949 年后，几度改造此街，整修街道，改建民宅，

组织联营，搬迁扰民企业，兴建封闭式大型集贸市场，门前建仿古牌楼并加以装饰，使这条古老的市场街重新恢复了生机。1981 年 12 月定名为市场街。

图 7-14 街边地摊商贩

景升西街

景升西街成路于清代，位于皇帝祭祀通过的景升街的坛墙西侧，是当年居住在景升街西侧的老百姓前往朝外大街，或去往景升街东部而沿高高的坛墙墙根走出来的土路，时名坛西夹道。民国时期坛墙逐渐拆除，夹道逐渐加宽，形成了景升西街。景升西街南北走向，北起朝阳门外大街，南至三丰胡同，中与朝外四条相交，东侧与朝外市场街平行。1995 年胡同原址上修建人寿大厦。

细米胡同

细米胡同位于朝外大街南侧、东起景升西街，西至喇嘛寺胡同，北接朝外大街。胡同呈倒"T"字形，中间与黄庙胡同相交，成路于清初。因胡同狭窄故称细米胡同。胡同两侧均为平房民宅，居民中回族约占 15%。1966 年与相交的黄庙胡同合并为一条胡同，统称朝外四条。1995 年胡同原址上修建泛利大厦。

黄庙胡同

黄庙胡同因胡同内寺庙得名，胡同南北朝向，北与细米胡同相交，南至净住胡同。黄庙胡同成路于清代。该胡同 5 号的"三宝寺"建于明代，三宝寺既可称喇嘛寺也称黄寺（庙）。黄庙胡同位于该寺东侧，西侧则是喇嘛寺胡同。1966 年黄庙胡同与北头相交的细米胡同合并为一条胡同，统称朝外四条。1995 年胡同原址上修建泛利大厦。

喇嘛寺胡同

喇嘛寺胡同以寺庙而得名,位于朝外大街西部南侧,南北走向。北起朝阳门外大街,南至净住胡同与盛管南巷相接,中与细米胡同相交,西侧与黄庙胡同平行。成路于清代。因胡同紧邻明代藏传佛教的喇嘛寺"三宝寺",故胡同得名喇嘛寺胡同。朝阳门外南侧共有四条南北向胡同,自西至东依次排列,该胡同居第三条,1966年定名朝外三条。胡同改建于1970年。1995年胡同原址上修建丰联广场。

观音寺胡同

观音寺胡同也是以寺庙得名,位于朝外大街西部南侧,南北走向。北起朝外大街,南至南下坡,中部与水门关胡同、盛管北巷、盛管南巷、三丰胡同、三丰南巷、观音东巷相交。东侧与喇嘛寺胡同、三丰南巷平行,西侧与盛管胡同、秀水河胡同平行。

该胡同名于明代即有记载,应源于胡同内原有一座观音寺(早圮,遗址无存),故曾名观音寺,后为观音胡同。胡同改建于二十世纪五十年代,后称观音寺胡同,1977年与南部的南下坡胡同合并变更为朝外二条。1993年胡同北部西侧修建外交部大厦。原街道北段现称外交部南街,街道南段被悠唐麒麟公寓切断,街道向西南接秀水河胡同,而原朝外二条断开后,再由东西向的三丰胡同中部向南穿过三丰里社区至雅宝路,称朝外西街。

图 7-15 观音寺胡同至黄庙胡同拆迁改建前状况

观音寺东巷

观音寺东巷东起杜家楼，西至观音胡同，呈"乙"字形，基本为东西走向。该巷因居观音胡同东侧，故名观音东巷。旧时该地为回民坟地，俗称杨德子坟地后身，1965年因观音胡同更名为朝外二条，该巷也同时更名为二条东巷。

净住寺胡同

净住寺胡同位于朝外大街南侧西部，呈东南、西北走向。东起景升西街，西至朝外二条与盛管南巷相接，中与朝外三条、四条相交。

因胡同南侧有一座建于明代的藏传佛教寺庙名净住寺，亦称喇嘛庙，故名净住寺胡同。原寺庙早圮，遗址无存。胡同中段约一百多米的长度中有六处拐弯，是朝阳区拐弯最多的胡同。2003年胡同原址上修建丰联广场。

图 7-16 净住寺胡同

三佛寺胡同

三佛寺胡同位于朝外大街西侧南部，东西走向。东起朝外市场街，西至南中街。中与三丰南巷、观音寺胡同、秀水胡同、盛管胡同相交。北侧与净住胡同、盛管南巷平行。

三佛寺胡同成路于清代。该胡同南侧有一座清代藏传佛教喇嘛寺，名"三佛寺"（早圮，遗址无存），遂以寺得名。1966年取"三佛"的谐音更名为三丰胡同，沿用至今。

三佛寺后身

三佛寺后身位于朝外大街道西部南侧。东起朝外市场街，北至三丰胡同，西至观音寺胡同。东段和西段为东西走向，中段为南北走向。成巷于清代，因其居三佛寺的北侧，故名三佛寺后身。1966 年取"三佛"谐音变更为三丰南巷。二十世纪七十年代胡同原址上改建居民住宅楼。

南下坡与南下坡胡同

南下坡位于朝阳门外，朝外大街南侧西南部。东与杜家楼接壤，西与秀水河胡同为邻，北始观音寺东巷，南以雅宝路为界。因其地势自北向南陡然降低，尤以与观音寺胡同相邻处更为明显，故由此得名南下坡，清末逐渐形成回民集居地。

居住区西南角有一座南下坡清真寺，俗称小礼拜寺，始建于康熙初年，距今已有近 400 年的历史，为区级文物保护单位。南下坡清真寺座西朝东，正门是三个独立的建筑门楼，中间门楼是高台阶券顶圆门洞，红色的大门上装铜门环。圆门洞的外上方刻有精美的花纹砖雕，并镶嵌着一块石匾，上刻五个大字"清真礼拜寺"。二十世纪六十年代初门洞被毁。

南下坡原属于区域名称，清末逐渐增多的民房在南下坡清真寺与杜家楼之间形成一条胡同称南下坡胡同。

水门关胡同

水门关胡同属于因有标志性建筑而得名的胡同，位于朝外大街西部南侧，东西走向。东起观音寺胡同，西至南中街，中与盛管胡同北口相通，北侧与朝阳门外大街平行，南侧与盛管北巷平行。

水门关胡同成路于清末民国初。清康熙三十六年（1697），为使漕运至大通桥

图 7-17 水门关胡同

下的船只梯航至朝阳门和东直门的粮仓附近，而在疏浚护城河时，于该处设置水门关，故胡同以此得名。胡同两侧为年久失修的破旧平房民宅，回民居多，约占居民50%。胡同内曾有一座建于清末民初的清真礼拜女寺，后为水门关托儿所。二十世纪七十年代铺装新路面，1993年胡同原址上修建外交部。

图 7-18 胡同里的妇女儿童

盛管胡同

盛管胡同位于朝外大街西部南侧，南北走向。北起水门关胡同，南至三丰胡同，与秀水河胡同相接，中部与盛管北巷、盛管南巷相交，东侧与观音寺胡同平行，西侧与南中街平行。

盛管胡同成路于明代，该胡同由姓氏命名，最早称盛官人胡同，民国期间演化为盛管胡同。二十世纪五十年代合并白家大院及笔管胡同的一部分后统称盛管胡同。二十世纪七十年代铺装新路面。1993年胡同原址上修建外交部。

笔管胡同

该胡同位于朝外大街西部南侧，东西走向，东起观音寺胡同，西至南中街，中与盛管胡同相交，北侧与水门关胡同平行，南侧与盛管南巷平行。该胡同形成于清代，因胡同狭窄细长形似笔管，故名笔管胡同。二十世纪五十年代将其南段划归盛管胡同，因居盛管胡同以北，并与盛管南巷相对应，遂更名为盛管北巷。二十世纪七十年代铺装新路面，1993年胡同原址上修建外交部。

盛管南巷

该胡同位于朝外大街西部南侧，东西走向，东起观音寺胡同，西至南中街，中与盛管胡同相交，北侧与盛管北巷平行，南侧与三丰胡同平行。该胡同形成于清末，初为土路。民国期间名盛管胡同，1977年因其居现盛管胡同以南，并与盛管北巷相对应，故名盛管南巷。二十世纪七十年代铺装新路面，1993年胡同原址上修建外交部。

图7-19 胡同里卖杂货的商贩

秀水河胡同

秀水河胡同位于朝外大街西部南侧。南北走向。北起三丰胡同与盛管胡同相接，南至雅宝路。东侧与观音寺胡同平行，西侧与南中街平行。

秀水河胡同成路于清代，初为土路，清代至民国期间，该地原有一条水沟，每到雨季排水不及，两侧民房则被淹，故曾名臭水河。二十世纪六十年代初治理臭水河改为暗河道，并将原地名雅化为秀水河胡同沿用至今。

杜家楼

杜家楼位于朝外大街南部。东与朝日坛为邻，西与南下坡接壤，北起朝外市场街（北起煤厂），南以雅宝路为界。

清末杜姓富家在此建有一幢砖木结构楼房，并形成院落，故曾名杜家楼大院，院内曾有清真礼拜寺一座，民国后期改称杜家楼，1977年恢复旧称。1981年12月因建5幢简易楼，拆除部分平房，已无院落格局，遂又沿用民国后期的称谓为杜家楼。

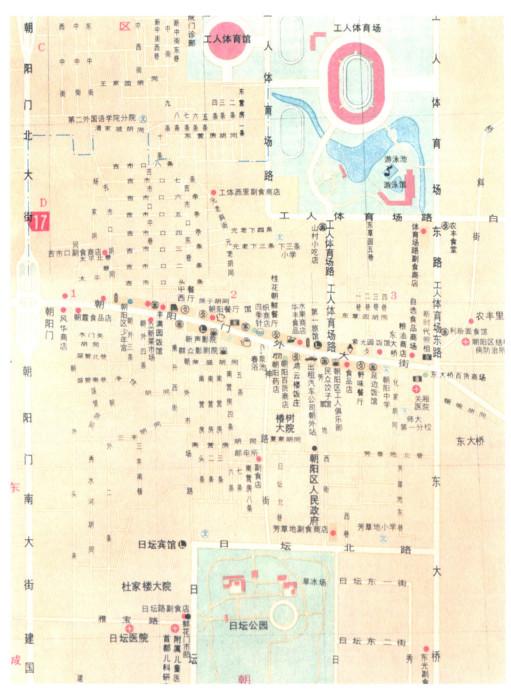

图 7-20 1982 年朝外地区地图（引自《北京市区地图册》）

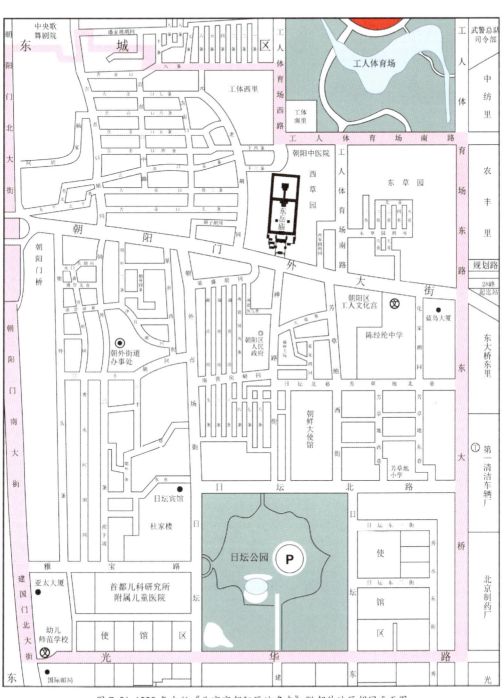

图 7-21 1993 年出版《北京市朝阳区地名志》附朝外地区胡同平面图

朝外胡同一览表

序号	胡同名称	曾经用名	成路时间	消失时间	备 注
1	东草园胡同	幸福巷胡同	明代	1993 年	
2	西草园胡同	草厂胡同	明代	2003 年	仅留存一小段
3	元老胡同	袁老人胡同	明代		南段现存
4	元老胡同下三条		明末清初	1989 年	
5	元老胡同下四条		明末清初	1989 年	
6	元老胡同下五条		明末清初	1989 年	
7	筛子胡同		清代	1988 年	
8	吉市口胡同	鸡市口胡同	清代	1992 年	
9	吉市口一条至八条		清代	1992 年	
10	杨家胡同		清末	2003 年	
11	太平巷		清末民国初	2003 年	
12	太平北巷	香饵胡同	明代	2003 年	
13	化家胡同		清代		现存
14	赦孤堂胡同		清代	1975 年	
15	芳草地西街		二十世纪五十年代初		现存
16	芳草地东巷		二十世纪五十年代初		现存
17	芳草地西巷		二十世纪五十年代初		现存
18	碑楼胡同		明代	1998 年	
19	天福巷		清代	1998 年	
20	椿树大院胡同		清代	1998 年	
21	夏家胡同		元代	1998 年	
22	硝厂大院		清代	1976 年	
23	神路街后身（街）		清代	1976 年	
24	荣盛胡同	荣盛夹道	民国	1996 年	
25	南营房胡同	南营房横街	清代	1997 年	
26	市场街		清末民初		现存
27	景升西街		清代	1995 年	
28	细米胡同		清代	1995 年	
29	黄庙胡同		清代	1995 年	
30	喇嘛寺胡同		清代	1995 年	
31	观音寺胡同	观音寺	明代	1993 年	
32	观音寺东巷	杨德子坟后身	民国	1965 年	
33	南下坡胡同	原为地域名	民国	1993 年	
34	净住胡同	净住寺胡同	约清代	2003 年	
35	三丰胡同	三佛寺胡同	清代		现存
36	三佛寺后身		清代	二十世纪七十年代	
37	水门关胡同		清末	1993 年	
38	盛管胡同	盛官人胡同	明代	1993 年	南巷、北巷
39	笔管胡同		清代	1993 年	
40	盛管南巷		清末	1993 年	
41	秀水河胡同	臭水河胡同	清代		现存
42	杜家楼		清末	1981 年	

第八章

诗情画意的郊野景观
——朝阳门外的水域风光

朝阳门外护城河

朝阳门外护城河修建于元代，元大都城的四周都有护城河。到了明代，城垣虽然是元大都城基础上建的，但是由于北城垣南缩 5 里，南城垣南展 2 里。而皇城的北墙向北推移，东墙又向东推移，因此元大都旧城水道有了较大改变。同时根据城市的需要又建立起一个新的水道体系。

北京护城河水系来水方向为西北玉泉山、白浮泉等地，经长河抵西直门外高梁桥，然后分为两路。一路向东，经德胜门水关再分为两支，南支注入城中积水潭、三海，

图 8-1　1910 年前后由朝阳门瓮城闸楼上向北拍摄护城河及城墙，远处可见东直门

图 8-2 1920 年朝阳门迤南的护城河两岸绿树成荫

进入宫城护城河（筒子河），然后经正阳门东水关流入内城南护城河；东支继续东行，在东北角楼处南转成为东护城河，在东便门西水关以北同内城南护城河合流。第二路从高粱桥向南，在西便门水关分为两支，一支转向东，成为内城南护城河；另一支向西、向南，成为外城护城河，在东便门水关与内城南护城河和东护城河汇合，注入通惠河。护城河与城墙相配套，发挥护卫城市安全的作用。

朝阳门窎桥横跨东护城河，桥南桥北的护城河沿岸绿树成荫，高大的箭楼和城墙倒映在河水中，形成美丽的水系景观。数百年间，护城河上舟楫往来，京城的百姓大多从朝阳门外的渡口登舟，乘船沿护城河南下，至东便门或通惠闸，举家出行，水上游玩。

到了冬季，护城河开辟冰上运输线，坐冰车出游既省钱又方便。每到旧历七月十五，中元节时，护城河上灯影绰绰，又成为老百姓放河灯、赏河灯的好去处。

"运河般宽阔的护城河，是这幅风景画的主体，岸坡下有幼童在芦苇中像青蛙一样玩耍，水面上浮游着群群白鸭，溅着水花，发出嘎嘎的声音回答着主人的呼唤。提着洋铁桶下到岸边打水的人往往要蹲上一会儿，静静地欣赏这幅田园般的景

图 8-3 1901 年拍摄的朝阳门瓮城外迤北的护城河渡口，远处城楼是东直门

图 8-4 1923 年朝阳门箭楼东南侧及护城河

致……"这是瑞典人奥斯伍尔德·喜仁龙在《北京的城门与城墙》中对京城护城河景致的描写，虽然位置不是朝阳门外的护城河，却也可以通过当年的老照片领略朝阳门外护城河的美丽风貌。

在北京城内城的城墙下设有七座水关，为城市进水、排水通道。

随着京城水系水源不断减少，及清末漕运的废止，护城河水量逐渐减少，河道变窄，民国后期又因战乱，护城河岸边的树木遭到守城军队的砍伐。护城河景致大不及从前。1958 年随着城市建设，拆除了朝阳门的箭楼和箭台，将朝阳门外护城河原先绕箭楼形成的弯曲河道裁弯取直了。

从 1972 年起，为了修建地铁环城段及地铁上方修建二环路，北京内城东、西、南三面的护城河被陆续加盖，改为暗沟。如今，北京护城河只有内城北护城河、和外城的南护城河还保留了露天河道。朝阳门外的护城河现已成为东二环路及路边绿地。

图 8-5 1924～1928 年期间朝阳门迤南护城河畔的鸭群

图 8-6 1903 年的朝阳门瓮城外行人乘摆渡过护城河

图 8-7 1870 年前后朝阳门北护城河，河水充沛，水面宽阔，适宜行舟，远处的城门是朝阳门

图 8-8 1915 年拍摄朝阳门外护城河边的南水关及环城铁道朝阳门车站

"东郊时雨"菱角坑

　　菱角坑位于朝阳门外北侧护城河东，由几个水塘组成，水源来自护城河，因坑内种植菱角得名。每到夏季坑内荷花叶绿花茂，水波荡漾，坑的周边生长着浓荫密实的古槐垂柳。

图 8-9　朝阳门外的菱角坑水面

图 8-10　夏季菱角坑荷花盛开

　　菱角坑南侧有两座冰窖，每到冬季三九天，护城河河水冻成半米厚的冰时，冰窖的伙计们用冰镩子把河里的冰切成大小相等的冰块，再将冰块捞出来运往冰窖贮存，等到来年夏季取出贩卖，解暑纳凉供不应求。

　　菱角坑北侧有各类娱乐场所，京城许多戏剧、曲艺名角经常光顾演出。据称当时文明新戏的演员段剑石、张笑影等艺人到了夏天就在这里搭棚表演文明戏。这里还有小有名气的坤书场：荷花汀。

　　场所周边商贩小摊云集，各种冷饮和解暑的时令小吃应有尽有。吃黏的有扒糕、年糕、凉糕，解渴的有用苹果干、杏干、海棠干制成的"泡干"，还有凉茶和冰镇酸梅汤。许多京城百姓来此消夏避暑，盛况空前。有文人赐予"东郊时雨"的雅称。

图 8-11、12 冬季在护城河上取冰

图 8-13 将冰贮存到冰窖内

菱角坑在二十世纪三十
年代因战乱开始荒芜，平津
战役中北平被围，国民党军
队为修筑工事，把护城河两
岸的垂柳古槐全部砍光，菱
角坑边的杨柳也未能幸免。
二十世纪五十年代末填平了
菱角坑和护城河，在菱角坑
的原址上盖了居民楼、小学
校和中央歌剧院，从此菱角
坑消失。

图 8-14 菱角坑边说书人

图 8-15 贩卖酸梅汤的小摊最受欢迎

图 8-16 菱角坑边商贩云集

芳草地和黑松林

芳草地是自朝日坛东至二道沟南支渠，北至朝外大街的一片区域，明代此地称
黑松林。《日下旧闻考》记载："东岳庙南数百武即朝日坛，坛外古松万株，森沉
蔽日，都人所谓黑松林也。"当年这里苍松翠柏，古木参天，是京城文人雅士郊游、
消夏的好去处。

清代《宸垣识略》又有记载，黑松林一带"古松万株，森沉蔽日，都人常游宴于此"。黑松林里的"古松"至少是元代或明代所种植，或许更久远，却有"万株"，所以"森沉蔽日"。这是京郊非常壮观的景致，无不吸引游客来此郊游野宴。明人孙茂芝游东郊松林后，赋《蝶恋花》词"落尽棠梨春已暮，芳草多情，才过濛松雨。柳絮颠狂飞不住，秋千正在浓荫处。庙口神弦初舞罢。画扇轻衫，随意城东步。笑逐钿车归去路，酒香一行青松树"，可以看出当年这里的游人赏春、荡秋千、喝酒、游玩的无尽乐趣。

图 8-17 古松参天

清末时期，大片的松树被砍伐殆尽，逐渐形成杂草丛生的荒地。黑松林逐渐消逝，淡出了人们的视野，却留下了"芳草萋萋"。该区域南有明代的皇姑庵，西侧有清代的西方庵和敕孤堂清真寺，北有明代的广济庵，清代的慈尊寺，二道沟南支渠沿着这一区域的东侧自南向北，流经东大桥下。到了民国时期，该地取"芳草萋萋"寓意春草长得茂盛喜人之意，更名为"芳草地"。

芳草地是地名的雅化，将低沉阴森的"黑松林"雅化为诗情画意的"芳草地"。俗话说"穿过黑松林就是芳草地"让人充满走出黑暗迎接光明感觉。

芳草地在二十世纪五十年代就盖起了居民楼。兴建的街巷分别称为芳草地东巷、芳草西巷、芳草北巷和芳草地西街。

图 8-18 芳草萋萋

第九章

传承历史 展新颜
——朝阳门外今日风貌

朝外街道始建于 1954 年,是一个建制比较早的街道。街道位于朝阳区的最西部,紧邻首都功能核心区,街道面积 2.2 平方公里,常住人口 13000 多户、近 50000 人。回顾历史,从民国时期作为皇城古都的门外关厢,到建国以来改革开放的前沿阵地,再到首都城市建设发展的重点区域,朝外地区已经实现了城市化、现代化和国际化发展,呈现出了"五区交融"的特点。

图 9-1 中华人民共和国外交部坐落在朝外大街

外事窗口区

第一使馆区坐落于此，域内驻有外交部，以及英国、朝鲜、罗马尼亚、印度、希腊等13个外国使馆及其相关的涉外服务窗口。

政务活动区

西侧紧邻二环首都功能核心区，南侧临近长安街，东侧紧靠CBD，链接起了首都核心

图9-2 绿荫下的使馆区

区域和CBD功能区。辖区内有外交部、司法部、民主党派等中央单位83个、市属单位63个，同时还是区委、区政府的所在地。

图9-3 朝阳区政府办公大楼

图 9-4 朝外新景观

图 9-5 中国石化办公大楼

多元居住区

朝外街道有回、满、蒙、藏等15个少数民族5000多人，在街道系统中属于最多的。沉淀了日坛、东岳庙、南下坡清真寺等代表古都传统文化的重要历史资源，另一方面以使馆区和雅宝路为代表，汇聚了众多国际文化资源，具有非常强大的国际文化交流基础和需求。

图 9-6 优美的社区环境

图 9-7 古老的化家胡同焕然一新

图 9-8 社区儿童的文化活动

图 9-9 社区老人的文化活动

商贸聚集区

在朝外,有蓝岛等传统百货商业,也有悠唐、侨福等新业态商业,丰联、联合、泛利、昆泰、日坛国际等商务楼宇以及商务酒店聚集。国际贸易和国际金融都具有较好的基础。

图 9-10 芳草地国际学校

文化交融区

朝外不仅有日坛公园、华北最大的道观东岳庙以及神路街琉璃牌楼、南下坡清真寺等著名的文化文物古迹，还有很多国际性语言、商品、消费、服务等文化要素在这里交流融合，传统文化、民族文化、国际文化融合特征非常明显。

过去的朝外热闹非凡、商业繁盛，如今的朝外朝气蓬勃、欣欣向荣。念兹在兹，更多华章正在书写；雄关漫道，更大辉煌寄予未来。

图 9-11 朝外地区今日风貌

图 9-12 日坛公园风光

图 9-13 日坛公园内具有四百多年历史的石牌坊

图 9-14 神路街跨街琉璃牌坊是北京唯一保留下来的具有四百多年历史的古董建筑景观

图 9-15 节日的东岳庙

附　录

一、参考文献

1. 李炳卫、童卓然著《北平地名典》，北平民社，1933 年。

2. 马芷庠著，张恨水审定《北平旅行指南》，北京燕山出版社，1935 年。

3. 《民国北平市》，郊二区、郊三区，1947 年（地图）。

4. 《京师五城坊巷衚衕集 京师坊巷志稿》，北京古籍出版社，1983 年。

5. （清）丁敏中等编纂《日下旧闻考》，北京古籍出版社，1983 年。

6. ［瑞典］奥斯伍尔德·喜仁龙著《北京的城墙与城门》，北京燕山出版社，1985 年。

7. 北京市公安局：《北京市街巷名称录汇编》，1986 年。

8. 王彬主编《实用北京街巷指南》，北京燕山出版社，1987 年。

9. 《北京旧影》，人民美术出版社，1989 年。

10. 北京市朝阳区地名志编辑委员会编《北京市朝阳区地名志》，北京出版社，1993 年。

11. 北京市朝阳区志编辑委员会编《北京市朝阳区志》，北京出版社，1996 年。

12. 北京市档案馆编《北京寺庙历史资料》（第一辑），中国档案出版社，1997 年。

13. 朝阳区政府：《北京市朝阳区地名录》，1982 年、1993 年、2000 年。

14. 《北京百科全书·朝阳卷》编辑委员会编《北京百科全书·朝阳卷》，奥林匹克出版社，2001 年。

15. 陈巴黎著《北京东岳庙》，中国书店，2002 年。

16. 韩昌凯著《北京的牌楼》，学苑出版社，2002 年。

17. 王永斌著《老北京的关厢城镇与老字号》，东方出版社，2003 年。

18. 林岩、范伟著《老北京庙会》，文物出版社，2004 年。

19. 张清常著《北京街巷名称史话》，北京语言大学出版社，2004 年。

20. 杨茵，旅舜著《寻找老北京城》，中国民族摄影艺术出版社，2005 年。

21. 北京市政协文史资料委员会编《北京文史资料精选·朝阳卷》，北京出版社，2006 年。

22. 段柄仁著《北京胡同志》，北京出版社，2007 年。

23. 中国国家图书馆，大英图书馆编著《1860—1930 英国藏中国历史照片》国家图书馆出版社，2008 年。

24. 北京市文物保护协会编《北京古都历史文化讲座》，北京出版社，2009 年。

25. 尹均科、孙冬虎著《北京地名研究》，北京燕山出版社，2009 年

26. 张薇、郑志东、郑翔南著《明代宫廷园林史》，故宫出版社，2010年。

27. 孙冬虎著《北京地名发展史》，北京燕山出版社，2010年。

28. 藏汝奇著《北京朝阳门人文历史750年》，人民出版社，2010年。

29. 谭英著《日坛史略》，吉林大学出版社，2010年。

30. 宁夏少数民族古籍整理出版规划领导小组办公室：《月华》（全十册），黄河出版传媒集团、宁夏人民出版社，2010年。

31. 中国人民政治协商会议北京市朝阳区委员会学习与文史委员会编《朝阳地名说故》，2011年。

32. 王军著《城迹》，生活·读书·新知三联书店，2012年。

33. 王军著《拾年》，生活·读书·新知三联书店，2012年。

34. 北京民俗博物馆编《北京民俗论丛》，学苑出版社，2013年。

35. 侯仁之著《北平历史地理》，外语教学与研究出版社，2014年。

36. 杨海山著《京郊清代墓碑》，学苑出版社，2014年。

37. 蔡青著《百年城迹》，金城出版社，2014年。

38. 孔庆普著《北京的城楼与牌楼结构考察》，东方出版社，2014年。

39. 孔庆普著《中国古桥结构考察》，东方出版社，2014年。

40. 北京市朝阳区文化委员会编《朝阳文物志》，文物出版社，2014年

41. 中国人民政治协商会议北京市朝阳区委员会文史委员会编：《朝阳文史》（第一至九辑），2015年。

42. 北京日报《旧京图说》编写组编著《旧京图说》，北京日报出版社，2016年。

43. 张明著《外国人拍摄的中国影像：1844—1949》中国摄影出版社，2017年。

44. 林京著《寻觅旧京》，人民文学出版社，2018年。

45. 北京市朝阳区档案局（馆）：《北京朝阳档案史料》（第一辑至第五辑）。

二、供图单位

朝外街道办事处

文物出版社有限公司

北京民俗博物馆

跋

　　朝外街道办事处辖区，正是北京古城自元朝建立元大都城起至明朝和清朝时期的城门外关厢，这片区域有着七百多年的历史。不仅是朝阳区，也是古都北京南北中轴线外历史文化最悠久，民俗文化资源最丰富，古文物遗存最密集，历史文化信息最多的区域。

　　随着城市建设高速发展，原来的老宅院、老民居、老胡同旧貌换新颜，在感受时代发展美好的同时，为了记录和留住这里的历史文化信息，朝外街道办事处于2014年就启动了"寻找朝外消失的痕迹和消失的老胡同"项目，开展了搜集、整理、考证、记录朝外辖区的历史文化工作，并在老胡同、古迹的原位置建立铸铜的历史地标，介绍这个位置历史上曾经的胡同、古迹的简介及形成年代和位置图，打造朝外地区城市建设和文化传承的历史景观标志。

　　在寻找和考证的过程中，我们查到朝外辖区2.2平方公里的区域内，有文字记载的古街四条；古牌楼、牌坊十一座；古桥两座；古宫观坛寺庙四十多座；其中皇家祭坛一座；道教庙宇十六座、佛教、藏传佛教寺院十九座；伊斯兰教清真寺七座；基督教教堂三座。朝外大街两侧的商业店铺和老字号有三百多家，老胡同三十多条。这样高密度、内涵丰富、年代久远的历史文化现象在整个朝阳区是绝无仅有的。经过这次的寻找和考证，我们汇集了朝阳门的建筑形制，确认朝阳门城台和箭台没有与城楼和箭楼一同拆除；完善记录了朝阳门窑桥和东大桥两座古桥的史料。依据史料记载，明确了朝外地区除了一座古琉璃跨街牌坊和六座石牌坊外，还曾经有过四座木制彩绘牌楼。系统的归纳了朝外地区历史上有文字记载的宗教场所，并根据区文物考察档案中石碑碑文的记载年代，修正了部分寺庙原登记记载的历史年代及内容。查询出曾经有七座清真寺和三处基督教教堂的历史。

由于年代久远，历史信息的档案记录和文献资料非常有限，许多史料缺失，既分散又不完整。大部分老胡同、古寺庙、老商铺和老地名遗址除了通过查询历史档案、文献记录和文史资料外，我们还多次组织地区老居民座谈、专访，并走访专家学者，通过核对比较，尽可能将朝外地区的历史痕迹及历史文化寻找出来，考证准确，记录完整。

我们将这些寻找出的资料和历史图片编辑整理了这部书册，希望通过这部书，让更多的人了解朝外。曾经的她繁华兴盛，风光无限；如今的她朝气蓬勃，欣欣向荣；未来的她华章正在书写。希望更多的人爱上这片有文化、有温度、有魅力的地方，并为其辉煌的未来努力奋斗。

《朝华夕拾——朝阳门外关厢拾遗》编委会

2018 年 10 月

后 记

　　在编辑《朝华夕拾——朝阳门外关厢拾遗》这部书册的过程中，我们每天都被书中收集和考证到的内容感动着。从古都"朝阳门"到"金台夕照"遗址，从明代的"日坛"到元代的"东岳庙"。这片区域里拥有众多的内容丰富、历史悠久的文物古迹信息和民俗文化资源。应对了"朝华夕拾""日出东方"的文化现象。与这两条从西到东和从南到北的文脉线十字相交点上的琉璃牌坊一样厚重、美丽、唯一。

　　完成这部内容丰富、信息量大的书册。其中每一项内容都需要进行严谨审慎的核查和考证，历时三年多的工作中，我们得到了诸多相关单位和部门的热情协助。在此谨向国家图书馆、首都图书馆、首图方志馆、首都博物馆、首都古建博物馆、北京民俗博物馆、北京档案馆、北京城建档案馆、北京城市规划展览馆、北京市测绘院航遥研究所、朝阳区政协文史办、朝阳区文化和旅游局、朝阳区档案馆、朝阳区规划艺术馆、朝外大街派出所及北京史地民俗协会表示感谢。

　　《朝华夕拾——朝阳门外关厢拾遗》的撰写亦得到了许多专家学者的指导和帮助，赵书、高巍、王铭珍、梁欣立等专家应邀参加研讨会，为地区历史文化、胡同文化的调研考证工作提出许多指导性建议。北京档案馆的王兰顺老师为本书撰写朝外大街三百多家商铺字号，查阅民国时期的大量档案，花费了很多时间和精力；北京民俗博物馆的曹彦生馆长在百忙中为本书审校宗教寺庙文化方面的书稿；90 岁高龄的孔庆普老先生身患重病，不顾高温天气，坚持在网上一遍又一遍地指导我们关于朝阳门、古桥及牌楼牌坊的考证，进行专业性文字内容的修正；刘阳先生为本书的历史图片提供了专业指导和热情帮助；赵保乐先生亲自为本书题写书名。还有许多提供支持和帮助的人士在此一并表示感谢！感谢文物出版社为本书提供大量的历史照片和出版工作。

　　《朝华夕拾——朝阳门外关厢拾遗》一书全面系统的记录了朝外地区自元代以来的城门古建、牌楼牌坊、古街、古桥、宫观庙祠、商铺字号、胡同民居及郊野景观，记录了它们形成的年代及发展变化，对过去的零散记录拾遗补缺，进行了系统的整理和考证，并对一些说法不一的信息和记录进行调查研究，不讲故事，不戏说，为完善这一区域的历史文化作最真实的记录。为今后人们能够系统的了解这一地区的历史文脉，研究这一区域独特的民俗文化的形成和发展尽一份责任。

　　《朝华夕拾——朝阳门外关厢拾遗》的编纂内容虽然仅限于朝外街道办事处辖区 2.2 平方公里的范围，但内容涵盖面很大，历史跨度有七百多年，就目前已完成的内容而言，还有许多处需要进一步发掘、核查和考证的历史痕迹，在编辑撰写中还有许多不足和遗憾。由于编辑时间和水平有限，书中难免存在纰漏之处，恳请读者不吝赐教。

张 榕

2019 年 5 月